汉语语言加工与阅读障碍研究

Chinese Language Processing and Dyslexia

赵晶晶 著

清華大學出版社
北京

图书在版编目（CIP）数据

汉语语言加工与阅读障碍研究 / 赵晶晶著 . —北京：清华大学出版社，2022.1（2022.9 重印）
ISBN 978-7-302-53427-3

Ⅰ . ①汉…　Ⅱ . ①赵…　Ⅲ . ①汉语－阅读教学－学习障碍－研究
Ⅳ . ① H195.4 ② G442

中国版本图书馆 CIP 数据核字 (2019) 第 179308 号

责任编辑：王如月
装帧设计：李　唯
责任校对：王荣静
责任印制：曹婉颖

出版发行：清华大学出版社
网　　址：http://www.tup.com.cn，http://www.wqbook.com
地　　址：北京清华大学学研大厦 A 座　　**邮　　编：**100084
社 总 机：010-83470000　　**邮　　购：**010-62786544
投稿与读者服务：010-62776969，c-service@tup.tsinghua.edu.cn
质 量 反 馈：010-62772015，zhiliang@tup.tsinghua.edu.cn
印 装 者：北京博海升彩色印刷有限公司
经　　销：全国新华书店
开　　本：165mm×230mm　　**印　　张：**10.75　　**字　　数：**143 千字
版　　次：2022 年 1 月第 1 版　　**印　　次：**2022 年 9 月第 2 次印刷
定　　价：99.00 元

产品编号：081041-01

本书获教育部人文社会科学研究青年基金西部和边疆地区项目（17XJC190010）、陕西省自然科学基础研究计划一般项目（2018JQ8015）、中央高校基本科研业务费特别支持项目（GK201702011）支持。

前　言 Preface

本书的研究成果综合了我硕士、博士、博士后以及回国参加工作前两年的部分研究工作，共包含语音加工、阅读学习和阅读障碍三部分内容，每一部分内部的章节又以顺序的形式记述了过去十几年我的科研经历、科研思考、科研课题的选择以及对如今我的科研工作的影响。

第一部分主要介绍了我关于语音加工的研究和思考。我对语音研究的兴趣源于硕士研究生阶段对发展性阅读障碍研究的兴趣，因为大量研究表明引发发展性阅读障碍的主要缺陷之一是语音缺陷，而更好地了解汉语语音加工的特点，将有助于进一步研究汉语阅读障碍是否与拼音文字阅读障碍源于共同的语音缺陷。目前我完成并发表了两项语音加工的研究。这两项研究将在第一章和第二章分别陈述，两项研究均与我在北京师范大学的硕士研究生导师舒华教授合作完成，也是我作为一个科研工作者的开山之作。

第二部分主要介绍我在美国康涅狄格大学攻读博士学位期间完成的两项阅读学习的研究。我的博士训练以实验心理学为主，因此我博士就读期间的第一个课题首先尝试设计了一个针对汉语被试的学习训练范式，以考察汉语被试在学习汉字时的行为和神经模式。受此启发，我又进一步针对英语被试设计了一个新的人工字形学习范式，考察了英语被试在学习类似于汉字的人工字形时的学习机制。两项研究都说明阅读学习过程中的字形—语音计算和字形—语义计算既符合统计学习规律，二者又相互影响符合协作学习规律。

第三部分主要介绍我在阅读障碍领域的一些研究工作和思考。我正式进入阅读障碍领域开始于巴黎高师。在巴黎高师，我与我的博士后导师Franck Ramus教授合作完成了我的第一项阅读障碍的研究，首次发现了阅读障碍儿童存在脑白质纤维通路的偏侧化缺陷。回国后，我随即带领我的第一批研究生开展了阅读障碍的脑白质网络缺陷的研究，我们发现阅读障碍的脑白质网络缺陷主要集中于负责听觉和语音加工的脑区，支持了阅读障碍的语音缺陷假设。这些研究对我深入理解阅读障碍的脑缺陷具有重要意义，为我后续在国内开展汉语阅读障碍的脑缺陷研究积累了宝贵经验。

本书研究工作的总结也是我对自己科研成长经历的总结，三部分的工作都与我目前的研究工作有千丝万缕的联系，构成了我目前开展的阅读障碍研究的理论和方法基础。希冀借由此书能为国内一些有志于从事心理语言学和阅读障碍研究的科研工作者和研究生起到一些抛砖引玉的作用。

赵晶晶

目　录 Contents

| 第一部分 |

语音加工

语音加工是我最早涉足的研究领域，也是我多年来一直很喜欢的研究领域。语音是人类语言的起点，每一个人对语言的感知都是从语音信息开始的，因此不同语言背景的个体在加工语言时应该具有语言间的共通性。如果不同语言文字的阅读障碍可能存在共同的缺陷，那么这个缺陷一定是语音缺陷。基于这样的思考，我研究了以汉语为母语的成年人如何像以拼音文字为母语的成年人一样利用听觉和语言学的线索对不同的语言进行辨别。在开展我的第一项研究工作的同时，我开始思考汉语语音结构的特点，并研究了汉语语音结构与英语语音结构的异同，在此基础上完成了我的第二项研究工作，探索了汉语单字词语音加工的过程，并提出了汉语特色的语音加工模型。以上两项研究均在我硕士研究生阶段完成，两项研究对我科学思维的训练、科学研究方法的学习以及理论能力和科研写作能力的提高起到了极大的作用，也为我来陕西师范大学后进一步在幼儿和儿童中开展语音研究工作，探索语音意识与儿童阅读发展和儿童发展性阅读障碍的关系埋下了伏笔。第一项研究于2008年发表于神经影像领域的权威杂志*NeuroImage*[43（3），624-633]，第二项研究于2011年发表于*Neuropsychologia*[49（7），1761-1770]。

第一章　语言辨别研究

本章主要介绍我2008年发表于*NeuroImage*[43（3），624-633]的研究工作。该研究源于我读硕士研究生期间舒华老师课题组张林军师兄的博士论文。师兄学语言学出身，他的博士论文探索了汉语的语音节奏特征，并与其他语言进行了比较。我在读硕士期间对他的研究很感兴趣，通过他的研究了解到语言可以通过其语音节奏特征划分为重音节拍（stress-timed）语言和音节节拍（syllable-timed）语言。重音节拍语言的特点是以重音为单位，对于非重音的音节，无论有多少个，都要压缩到一个重音单位里，因此重音节拍语言中有些音节长，有些音节短。典型的重音节拍语言包括英语、俄语、阿拉伯语、瑞典语。相比较而言，音节节拍语言的特点是以音节为单位，即每个音节具有相同的长度。典型的音节节拍语言包括法语、意大利语、西班牙语。我师兄的主要研究工作即通过语言学的测量发现了汉语普通话也是典型的音节节拍语言。

既然语言可以按照节奏来进行分类，那么下一个显而易见的问题就是：人类能否使用节奏来进行语言辨别呢？答案是肯定的。研究发现新生儿就已经具备了这种能力，更为神奇的是研究发现灵长类动物也具备该能力，发现这一现象的正是我博士后的导师法国巴黎高师的Franck Ramus教授（Ramus et al., 2000）。2005年当我开始考虑硕士论文选题的时候，我的硕士导师舒华教授建议我考虑一下Franck Ramus的实验，她认为婴儿和猴子都具有如此神奇的语言辨别能力，这种能力一定具有语言间的共通性，以汉语为母语的人群也一定具有这种能力，并且这种能力一定会在大脑中特定的神经环路中有所体现。在她的建议下，我将硕士论文的选题定为“语言辨别的神经机制研究”，本章即介绍这项研究工作。

第一节　语言辨别

人类一个很重要的语言能力是能够在复杂的语言环境中辨别出自己熟悉的语言。这种语言辨别能力婴儿早期就已具备。双语儿童一出生就面临的主要任务就是在学习环境中辨别两种或多种语言。在短短几个月内，双语婴儿可以使用多种听觉和语言线索来区分母语和非母语的语言（Bosch and Sebastián-Gallés, 1997, 2001a, 2001b）。此外，成功的语言辨别似乎并不依赖于早期使用多种语言的经验：普通的单语成年人可以很容易地将本国或熟悉的语言与外国的、陌生的语言区分开来，他们还可以区分不同语言地区的方言。在美国，人们经常能识别出南方方言的使用者；在中国，有经验的人可以很容易地分辨出不同地区的方言。因此，语言辨别能力是人类普遍具备的一种能力。

一、语言辨别的一般知觉机制

既然语言辨别能力是不同年龄阶段和不同语言背景的人类都普遍具有的一种能力，那么语言辨别的机制又是如何的呢？婴儿研究表明，婴儿可以使用语言的声学特征（如节奏和韵律）来区分母语和不熟悉的语言（如英语和法语，或者荷兰语和日语；Nazzi et al., 1998; Ramus, 2002; Ramus et al., 2000）。在4~5个月大的时候，婴儿可以进一步区分与他们的母语有相同的节奏模式的其他不熟悉的语言（如英语和荷兰语，或者西班牙语和加泰罗尼亚语；Bosch and Sebastián-Gallés, 1997; Nazzi et al., 2000;

Nazzi and Ramus, 2003）。在这个年龄，他们也可以依赖非语言的线索（如说话时的面部表情）成功地辨别语言（Weikum et al., 2007）。随着他们的语言经验积累，年长的婴儿开始使用更多的语音和词汇知识（如音位学），而不是韵律线索将母语和外语分开。

这种在成长早期就具备的语言能力引起了一种猜想，即语言辨别可能依赖于灵长类听觉系统固有的一般感知或声学过程。这一猜想得到了对人类婴儿和绢毛猴比较研究的支持，研究表明，人类的婴儿和非人类的灵长类有相似的听觉系统，它能很好地适应基本的声音，特别是区分不同语言在节奏上的差异（Ramus et al., 2000; Tincoff et al., 2005）。例如，人类婴儿和非人类灵长类动物都能够使用韵律信息进行语言辨别，说明语言辨别的知觉机制是一种普遍现象，不太可能是专门为语言而进化的（Tincoff et al., 2005）。

二、语言辨别的听觉和语言学线索

人类在语言辨别过程中知觉系统会使用什么线索呢？Ramus 和 Mehler（1999）认为有三种对早期语言识别很重要的"前词汇线索"：语音线索、音位线索和韵律线索。语音线索是指一种给定语言的音位、辅音和元音的组合。例如，英语的语音包含 24 个辅音和 14 个元音，中文的语音包含 21 个辅音和 10 个元音，西班牙的语音包含 18 个辅音和 5 个元音。随着婴儿在语言经验上的积累，他们可以把语音线索作为辨别语言的可靠线索。除了语音线索外，前词汇线索还包含音位线索，例如，辅音集（/fl/, /pr/, /str/, etc.）通常用于形成英语单词，但它们不能在中文中使用。因此，音位线索也可以为年长的婴儿提供一种可靠的语言辨别线索。最后，韵律线索也是语言辨别中重要的"前词汇线索"。韵律可以统称为超音段特征，包括最显著的节奏、重音和语调等。就节奏而言，传统上语言学家将世界上的语言分为三类：如英语和其他日耳曼语系的重音节拍（stress-timed）语言、像法语和其他罗曼语系的音节节拍（syllable-timed）语言以及像日语一样的摩拉节拍（mora-timed）语言。婴儿和成人听众都能有效地使用节奏信息来区分不同节奏类型的语言。除了节奏之外，语调还为语言辨别提供了重要的韵律信息。在短语或句子层面上的语调通常表示语法或语用上的差异，单词层面上的语调可能会区分词汇意义（如泰国和中国的词汇声调）。尽管词汇的声调是世界上许多语言的特征并且声调的知觉已经引起了很多研究的注意（Gandour, 2006; Jongman et al., 2006），但是语调信息的作用还没有被直接用于语言辨别（Zhang, 2006）。

语音线索、音位线索和韵律线索都是“前词汇”信息的组成部分，尽管它们在信息类型上有所不同，但它们与包含了词汇的语义线索和包含了概念表征的词汇线索形成了鲜明对比。对成年人来讲，辨别熟悉的语言和不熟悉的语言时，前词汇线索和词汇语义线索共同促进了人们的语言辨别。然而，当婴儿还没有获得大量的词汇知识时，他就不得不更多地借助前词汇线索来进行语言辨别。当一个成年人处理两种不熟悉的语言时，他也只能使用前词汇线索。但是，随着婴儿语言经验的丰富，或者当成年人处理熟悉的语言(母语和第二语言)时，词汇语义线索开始发挥非常重要的作用，有时会在语言辨别中起决定性作用，因为词汇语义线索会提示意义上的差异，因此是最可靠的。事实上，词汇语义线索的使用可能是自动的，Bates和MacWhinney（1982, 1987, 1989）的竞争模型认为，在信息加工过程中听众无法抑制既有高“线索效度”又有高“线索信度”的词汇语义信息。

三、语言辨别线索的神经基础

韵律、语音和词汇语义加工的神经基础已经有了很多研究（Price, 2000; Démonet et al., 2005; Gandour, 2006; Hagoort, 2005; Stowe et al., 2005; Vigneau et al., 2006; Wong et al., 2004; Zhang & Wang, 2007）。这些研究表明，成人的语音处理与左脑的额下回、颞上回和缘上回等区域

（BA44/22/40）的神经活动相关。尤其是，左脑颞上回与语音输入和音位特征的识别和储存有关，而左脑额下回与处理语音规则和其他语音分析任务有关。相比之下，声调的加工与右脑颞上回前部（BA22）、脑岛、额中回（BA9）和右脑额下回（BA44）的活动有关。不过，目前很少有与节奏加工相关的神经活动的研究。与语音和韵律信息的加工不同，词汇语义处理与广泛的大脑活动有关，最明显的活动是在左半球，包括颞下回、颞中回、顶下小叶、额下回和颞上回（Démonet et al., 1992, 2005; Gold et al., 2006; Gabrieli et al., 1998; Price, 2000）。尤其是，左脑颞下回（BA20）和左脑颞中回（BA21）与词汇意义和概念知识在词汇和句子理解中的表征有关，而左脑顶下小叶和角回（BA39）与语义整合有关。此外，在语义分类、词汇联想和词生成等任务中，左脑额下回（BA45/47）与检索和选择单词意义相关（见 Gabrieli et al.,1998 和 Vigneau et al., 2006 的综述和元分析）。

第二节　汉语成年人语言辨别的神经机制研究

在语言辨别中，前词汇和词汇线索是如何相互竞争和相互作用的?各种线索的竞争活动如何在大脑活动中反映? 上一节提到的语言辨别相关线索的神经影像学研究仅仅揭示了不同听觉和语言线索加工所涉及的大脑区域。但是，这些研究并没有关注不同的大脑区域如何参与到同一个加工任务中，比如语言辨别，以及大脑皮层区域在完成语言辨别任务时是如何相互竞争和相互作用的。

该研究试图解决这一科学问题，探索语言辨别中各种线索使用的神经机制，包括前词汇（韵律和语音）和词汇（语义）线索。我们在同一个语言辨别任务中通过操纵四个层次的前词汇和词汇信息，收集行为和脑影像的数据来实现该研究目标。我们研究了四种条件下的语言辨别：（1）只有节奏信息可用的语音，听众接收到的是再合成的语音，中文和英语句子的辅音和元音分别被 /s/ 和 /a/ 取代，句子的语调被压平；（2）有节奏和声调信息可用的语音，听众接收到的是有声调和节奏的合成语音；（3）来自意大利语和日语的正常句子，这两种汉语为母语的听众不熟悉的语言有不同的韵律和语音结构；（4）来自中文（母语）和英语（第二语言）的正常句子，这两种听众熟悉的语言包括词汇语义信息和来自前三种条件的韵律和语音信息。我们比较了在四种刺激条件下，汉语听众语言辨别的准确性和反应时间以及脑区激活模式的差异。

一、被试

18 名被试（其中 12 名女性）参与了这项研究，平均年龄 22.3 岁，都是右利手。这些被试都是说普通话的中国人，没有任何语言或听力问题，也没有神经病学或精神病学方面的异常。他们都从中学开始学习英语（12 到 13 岁），但是没有学过意大利语和日语。所有的学生都通过了大学英语四级。他们在接受扫描前签订了北京师范大学批准的知情同意书，并收到一定的报酬。

二、材料

实验刺激包括四种类型：中文和英语（熟悉语言）中的正常句子、意大利语和日语（不熟悉语言）中的正常句子、包含节奏和语调信息的合成句子、只有节奏信息的合成句子。四种语言的句子都是用英语简短的新闻式语句翻译过来的，对句子进行了词的删减，使每个句子都有 15 个音节。然后，英语句子被翻译成其他三种语言，其他语言中句子的音节数平均也保持在 15 个。每种语言的句子由 4 位以该语言为母语的女性朗读，每人朗读 5 句，这些句子的采样率为 44.1 kHz，并以 16kHz 保存。句子的平均持续时间为 2.7s，英语为 2660ms（标准差 =80）；意大利语为 2681ms（标准差 =80）；中文为 2695ms（标准差 =55）；日语为 2676ms（标准

差 =55）。为了操纵测试材料，两个韵律（节奏和语调）的声音线索可以分开或共同保存在一个刺激中。我们使用下面的步骤来合成中文和英语句子：

（1）每个音素都被标记为辅音或元音。

（2）使用 Bliss 软件提取基本频率（F0）。

（3）每个音素的持续时间和 F0 值被输入 MBROLA 软件中（Dutoit et al., 1996）进行合成，合成音素是基于 MBROLA 的一位男性法语发音者的发音而建立的。通过这个再合成过程，在中文和英语源句中的每一个辅音都被替换为 /s/，每个元音被替换为 /a/，并且保留了音素的 F0 值以及在句子中音节的声调。

（4）对于只含有节奏的刺激，源句的声调被平化，所有句子的声调都被以 205.7Hz 的 F0 重新合成，这是中文源句的近似平均值。

三、程序

被试进行强制选择的 AX 辨别任务，在此任务中，他们判断句子 X 是否与句子 A 来自同一种语言。A 和 X 之间的刺激间隔是 1200 ms。在每个试次前加一个 100ms 1000Hz 的纯音，以表明接下来的两句话是“AX 辨别对”中的一个试次。纯音和句子 A 之间的间隔也是 100ms。因此，一个试次包括一个纯音、两个句子以及一个间隔时间。刺激的呈现时间和顺序由 E-prime 1.1 软件控制。

每个被试都进行了四个阶段（session）的实验，每个阶段只包括四种刺激中的一种。设计了三种实验顺序以平衡顺序效应。每个阶段包含 40 个试次（40 个句子对，共 80 个句子），其中 20 个是“相同”的试次，20 个是“不同”的试次，40 个试次的呈现顺序随机分配，被试被要求在听到句子 X 后尽可能快速和准确地做出反应。对每个被试都记录了辨别的准确率和反应时间。反应时从 X 的出现就开始计时。在正式的扫描之前，被试在扫描仪外进行练习，熟悉实验流程。

四、图像采集

图像采集是在四川大学华西医学院的 GE Signa 磁共振扫描仪上完成的，场强为 3T。所有被试在扫描过程中都佩戴 fMRI Silent Scan Audio 的系统（SS3100，AVOTEC），以保证被试的双耳能够清晰地听见声音刺激，并且两耳的音量相同。每个被试的头部与磁场的中心对齐，他们被要求放松，闭上眼睛，尽量不移动头部。脑成像数据的采集使用 EPI 序列，参数如下：全脑扫描 26 层，层厚 4mm，FOV=240 mm^2，矩阵 64 × 64, TR/TE/FA=2000ms/30ms/90°。高分辨率的三维全脑结构数据采集使用 SPGR 序列，参数如下：全脑扫描 156 层，层厚 1mm，矩阵 320 × 256，TR/TE/FA=8.46ms/3.336ms/25°。每个 session 获得 236 幅图像，持续约 8 分钟，整个实验大约需要 40 分钟，包括大约 6 分钟的大脑结构扫描。

五、数据分析

脑成像数据使用 AFNI 软件进行分析（Cox, 1996）。前 7 幅图像被剔除掉，以尽量减少血流动力学反应的影响，所有功能像都与第八幅图像对齐。使用六参数的刚体变化对功能像进行头动矫正（Cox & Jesmanowicz，1999）。用 6mm FWHM 的高斯函数对统计图进行空间平滑处理。所有图像都被重新采样成 $3mm^3 \times 3mm^3 \times 3\ mm^3$ 像素大小。随后，经过预处理的图像数据进入广义线性模型（General Linear Model）来估计每个条件下的 *t* 分布，信号百分比的计算方法是每个像素从刺激呈现后 2s~14s 的回归系数除以整个 session 的平均回归系数。在随机效应分析中，被试作为随机因素，刺激类型作为固定因素，每个被试每个条件的信号变化百分比进入模型作为因变量，进行双因素混合分析。

六、结果

（一）行为结果

四种条件的辨别正确率(accuracy)和反应时(reaction time)如图 1.1 所示。方差分析发现刺激类型的主效应在正确率 [$F(3,51) = 73.466, p < 0.01$] 和反应时 [$F(3, 51) = 28.252, p < 0.01$] 上都显著。正确率的事后检验表明除了节奏和节奏 + 声调句子条件外，其他的比较对在正确率上均存在显著差异。这些结果表明辨别正确率随着刺激类型和可利用信息的增多而增高，正常语言比只有韵律信息的合成语音辨别正确率更高，两种熟悉语言比两种不熟悉语言的辨别正确率更高。反应时的事后检验发现汉语 / 英语条件与其他三种条件存在显著差异，其他三种条件之间不存在显著差异，表明辨别两种熟悉的语言比辨别两种不熟悉的语言和人工合成的语音反应时更快。

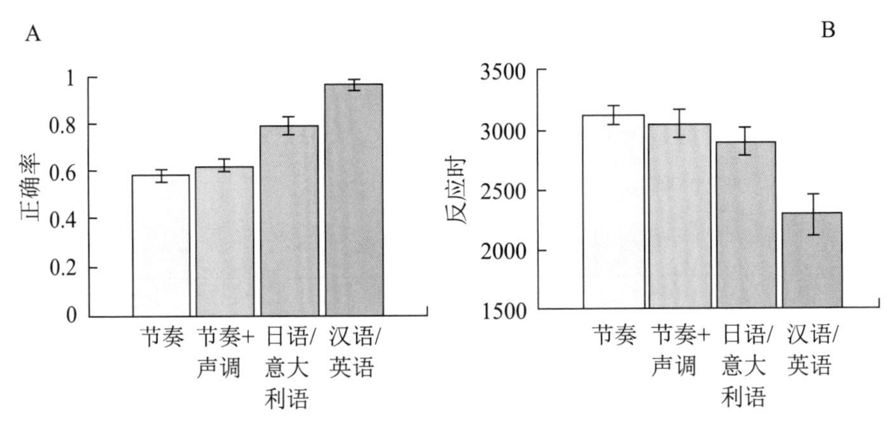

图 1.1　四种句子条件下的辨别正确率（A）和反应时（B）（Rhy：节奏；Rhy+Int：节奏 + 声调；Ja/It：日语 / 意大利语；Ch/En = 汉语 / 英语）

（二）脑成像激活结果

四种条件下的脑激活图如图 1.2 所示。在语言辨别任务中，大脑的激活范围较广泛，但主要集中在颞叶皮层，颞叶的激活没有明显的偏侧化。

其他的激活区域包括额叶区域、初级运动感觉皮层、脑岛和小脑。

下面的分析集中在不同刺激类型的对比上：（1）节奏 vs 节奏 + 声调；（2）日语 / 意大利语 vs 节奏 + 声调；（3）汉语 / 英语 vs 日语 / 意大利语。不同对比的激活区域总结如表 1.1 所示（表中显示除小脑、枕叶、初级运动感觉皮层以外的其他区域）。

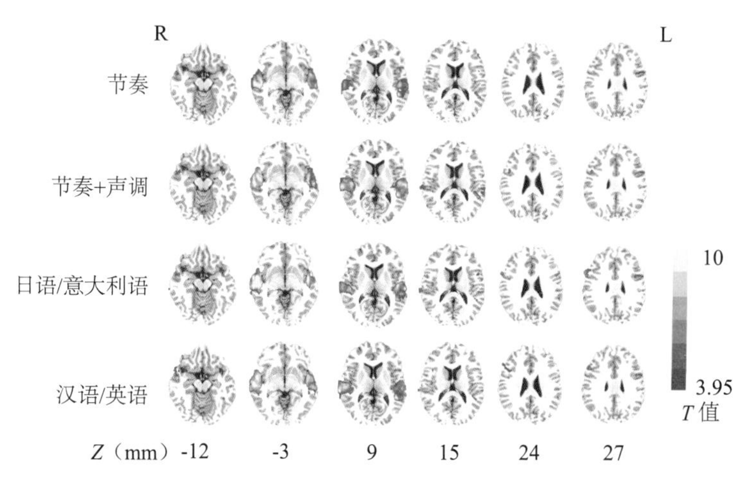

图 1.2　四种句子条件下的大脑激活图，体素分析阈值 $p<0.001$（$t>3.95$），未校正。团块体积 ≥ 270 mm^3。轴向片 z=-12, -3, 9, 15, 24, 27, 从左到右。

表 1.1　显著激活区域比较，体素阈值 $p<0.05$，团块体积 ≥ 378mm^3

脑区	BA 分区	激活团块体积（mm^3）	最高强度坐标 *			局部最高强度（t 值）
			x	y	z	
节奏 + 声调 > 节奏						
右颞上回	22	6615	50	−8	−1	4.334
左颞上回	41	5670	−53	−17	6	4.898
左颞上回	22	2214	−53	−41	15	3.650
右颞上回	42	1188	68	−29	12	3.306
右颞上沟	22/21	486	68	−23	−1	2.864

续表

脑区	BA 分区	激活团块体积（mm^3）	最高强度坐标 *			局部最高强度（t 值）
			x	y	z	
左额下回（岛盖部）	44	378	−56	11	9	2.836
日语 / 意大利语＞节奏 + 声调						
右额下回（岛盖部）	9	1809	44	5	33	3.325
左颞上回	22	1674	−50	−14	3	4.141
右颞中回	21	1566	56	−20	−7	4.049
左额下回	9/44/45	945	−35	14	24	2.930
右颞中回	21	918	68	−29	−10	3.312
汉语 / 英语＞日语 / 意大利语						
左颞上回	20	2862	−47	−14	9	5.008
左额下回（岛盖部）	20	810	62	5	12	3.027
右额下回（岛盖部）	20	513	−41	8	24	2.941
日语 / 意大利语＞汉语 / 英语						
左颞上回	22	1242	−47	−14	9	4.035
左额下回（岛盖部）	44	594	−44	5	12	3.316
右额下回（岛盖部）	9	564	59	8	24	4.901

1. 节奏 + 声调 vs 节奏

包含节奏 + 声调的句子与只包含节奏的句子相比，有声调线索的句子激活的区域更多，只包含节奏的句子没有比包含节奏 + 声调的句子激活更多的区域。如图 1.3 所示，包含节奏和声调的句子与只有节奏的句子相比多激活了双侧颞上回（BA22/42、BA41/22），其中最大的激活区域（6615 mm^3）位于右侧颞上回，这些神经激活区域与以往声调加工研究中的发现是一致的（Brown et al., 2004; Gandour et al., 2003,2004; Hesling et al., 2005; Meyer et al., 2002, 2004; Plante et al., 2002）。

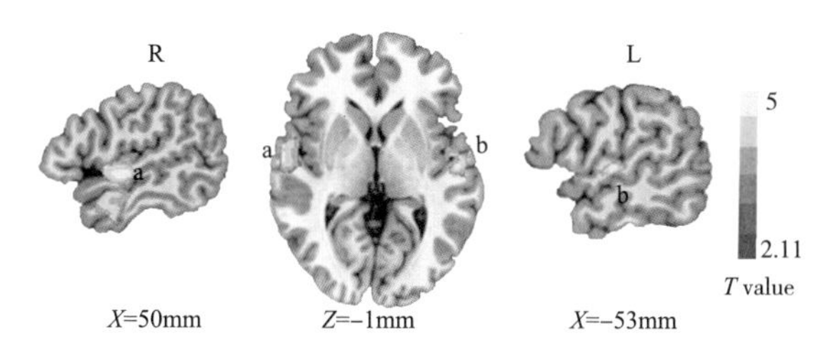

图 1.3　节奏 + 声调的句子与只包含节奏的句子激活图对比，体素阈值 $p<0.05$（$t>2.11$），未校正。团块体积≥ 378 mm³。（a）右颞上回（50，-8，-1）；（b）左颞上回（-53，-17，6），包括左脑颞极激活。

2. 日语 / 意大利语 vs 节奏 + 声调

如图 1.4 所示，与包含节奏 + 声调的句子条件相比，日语 / 意大利语有更多的激活区域，主要有双侧额下回（BA9/44/45、BA9）、左颞上回（BA22）、右颞中回（BA21）和右额下回（BA9）。额下回的激活表明相对于只有韵律信息的合成语言加工，对不熟悉的正常语言加工需要更多的语音分析。包含节奏 + 声调的句子条件没有比日语 / 意大利语有更多的激活区域。

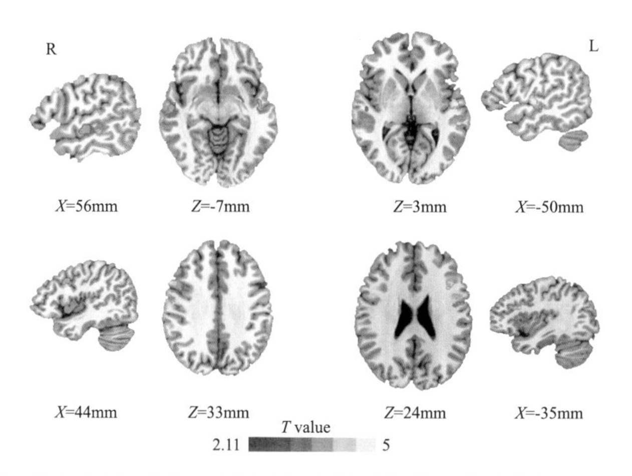

图 1.4　日语 / 意大利语与节奏 + 声调的句子激活图对比，体素阈值 $p<0.05$（$t>2.11$），未校正。团块体积≥ 378 mm³。（a）右颞中回（56，-20，-7）；（b）左颞上回（-50，-14，3）；（c）右额下回（44，5，33）；（d）左额下回（-35，14，24）。

3. 汉语 / 英语 vs 日语 / 意大利语

汉语 / 英语句子条件与日语 / 意大利语句子条件相比，六个区域有显著差异。其中三个区域汉语 / 英语比日语 / 意大利语的句子有更多的激活，而另外三个区域显示了相反的模式。与日语 / 意大利语的句子相比，汉语 / 英语的最大激活区域集中在颞下回（BA20），并且左半球比右半球更活跃。日语 / 意大利语句子条件比汉语 / 英语句子条件下更活跃的区域是左脑颞上回（BA22）、左脑额下回（BA44）和右脑额下回（BA9）。正如在前言中所讨论的，左脑颞下回与语义和语言知识有关，而左脑额下回和颞上回则与音位和 / 或韵律加工有关。汉语 / 英语句子（熟悉的语言）和日语 / 意大利语句子（不熟悉的语言）相比表明，不同类型的语言刺激在辨别加工任务中与不同的激活区域相关。此外，当词汇语义线索可用并可以做语义分析时，如在汉语 / 英语条件下，与语音或韵律加工相关的大脑区域活动会减弱，与之相比，不熟悉语言的辨别如日语 / 意大利语条件只能依赖于语音或韵律线索，因此加工时只能依赖语音或韵律加工相关的脑区。

4. ROI 分析

基于汉语 / 英语条件与日语 / 意大利语条件的不同激活模式，我们进行了 ROI 分析。基于左颞下回（BA20）和左额下回（BA44）在语言辨别中的作用，我们对这两个脑区进行了 ROI 分析。

把时间点和刺激类型作为自变量，把信号的变化强度百分比作为因变量进行重复测量方差分析。如图 1.5 所示，分析发现刺激类型在左额下回（$F(1, 17)=7.028$, $p<0.05$）和左颞下回（$F(1, 17)=6.93$, $p<0.05$）的主效应显著。在左额下回日语 / 意大利语条件比汉语 / 英语条件的激活峰值更高；而在左颞下回激活模式刚好与左额下回相反，汉语 / 英语条件比日语 / 意大利语的激活峰值更高。

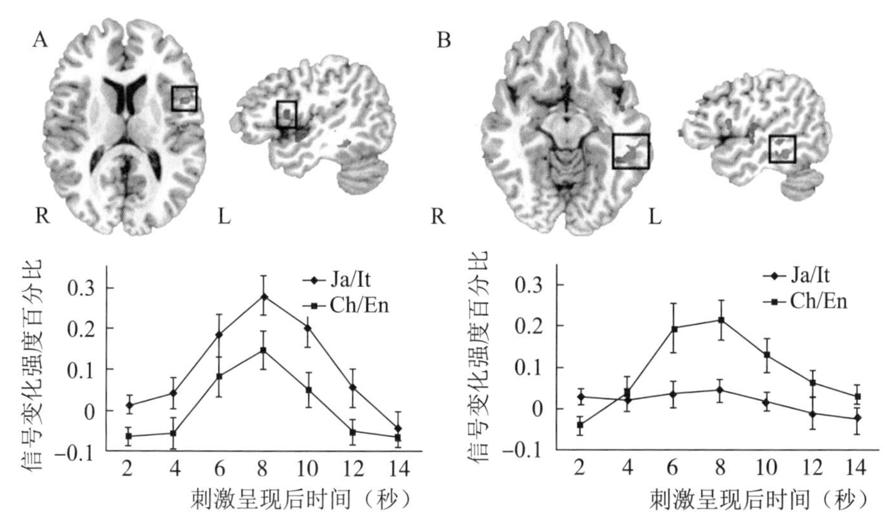

图 1.5　日语 / 意大利语与汉语 / 英语句子激活图对比，体素阈值 $p<0.05$，未校正。团块体积≥378 mm^3。(A) 在日语 / 意大利语条件下左脑额下回团块有更强的激活，团块中心坐标（−44, 5,12），团块时间过程如左下图所示。（B）在汉语 / 英语条件下左脑颞下回团块有更强的激活，团块中心坐标（−47, −38, −10），团块时间过程如右下图所示。误差条表示平均值的标准误差。

第三节　语言辨别实证研究的启示

人类如何区分一种语言和另一种语言？这个问题不仅出现在我们面对熟悉的语言时（如从非母语中区分我们的母语），也出现在我们试图区分不同的方言或不熟悉的语言时。之前的研究已经确定了韵律和语音线索在语言辨别过程中的作用，但是很少有研究来检验这些线索之间的相互作用以及人类是如何依赖于词汇语义知识进行语言辨别的。此外，很少有研究调查辨别熟悉和不熟悉语言的神经机制。在这里，我们试图通过确定韵律、语音、词汇知识线索之间的相互作用以及这种相互作用的神经关联的性质来填补这些空白。

本研究在一个 fMRI 实验中操纵了三种类型的语言刺激：合成语言、熟悉的自然语言和不熟悉的自然语言。在合成语言条件下，被试只听到含有节奏信息的句子，或者只含有节奏和声调信息的句子，他们必须依赖这些韵律特征来区分相关的"语言"。在不熟悉的语言环境中，他们接收到的是之前没经历过的意大利语或日语的句子刺激，除了韵律线索，他们需要使用语音线索（如音素规则）来找出语言之间的差异。最后，在熟悉的语言条件下，被试接收到有很多经验的母语或者第二语言——中文和英文句子刺激，除了韵律和语音线索，他们还可以使用单词和句子的词汇语义知识来辨别语言。这些刺激条件从低到高逐渐地提供了更多的信息，而每一个更高的层次都包含了较低层次上的所有线索，形成了一种被试可以探索不同复杂性的语言辨别层级结构。

我们的研究表明，随着可用信息的复杂性增加，辨别的准确性也会增加。此外，根据可用的线索，被试不同的大脑区域独立或联合地来加工处理任务。例如，当只有较低水平的声学线索可用时，与低级声学加工相关的大脑区域就会变得活跃，特别是颞上回和颞极（如图 1.3）；当有韵律线索还有语音线索可用时，除了与韵律加工相关的脑区，与语音加工相关的大脑区域会变得高度活跃，特别是额下回和左颞上回（如图 1.4）。最后，当有词汇语义线索可用时，被试更依赖于与语义加工相关的大脑区域例如颞下回（如图 1.5）。

这些模式中最重要的一点是，大脑的激活并不是简单地随着信息复杂性的增加单调增多，而是依赖于语言辨别中线索竞争的有效性。事实上，使用词汇语义知识来识别熟悉的语言（中文和英语）所涉及的大脑区域更少。这种模式与以往的研究一致，学习者可以自动获取和使用词汇语义知识来辨别语言（Leavers & Burley, 2001; Lorch & Meara, 1995）。

以上讨论的大脑激活竞争模式促使我们进一步思考上述研究结果的理论意义。Bates 和 MacWhinney （1982） 提出了竞争模型，不同的语言线索（语法、语义和语用）在语言习得和语言加工中相互竞争（ Bates 和 MacWhinney, 1987, 1989)。尽管模型最初主要用于解释句子的理解和生产，并与主题角色的分配有关（“谁对谁做什么”），但是这个模型也被用来检查其他的语言领域（MacWhinney, 1989, 2004）。特别地，模型提出的预测信度——可利用线索的可靠程度，对解释我们的研究结果有很大的启示。例如，声调对于辨别中文和其他语言是一个有效的线索，而音位模式对于辨别英语和其他语言是一个可靠线索。

线索竞争发生在不同的语言水平。我们研究的一个重要发现是，相比低水平的线索，更高层次的线索会导致更好的识别准确性和更快的识别速度。在竞争模型的术语中，具有较高的有效性和可靠性的线索将会使语言的理解变得更好和更快（Bates 和 MacWhinney, 1989; Li et al., 1993）。词汇语义知识是辨别熟悉的语言的最有效、最可靠的线索，如果听者能够利用这些知识，那么辨别将是最成功的。在大脑激活竞争方面，词汇知识显然扮演着更重要的角色。词汇和前词汇线索引发的大脑激活竞争主要体现在：当词汇语义线索可用来辨别语言时，与词汇语义加工相关的神经区域（如颞下回）激活更强，同时相关的前词汇加工相关的脑区激活变弱。换句话说，在竞争过程中，更高层次的线索更有优势，因为大脑激活竞争的结果会使语言辨别更有效、可靠。

这种大脑激活竞争的观点，虽然与我们的行为和脑成像分析的结果相一致，但是我们的结果可能还有另一种解释：对刺激的熟悉度导致不同的激活神经模式。例如，与汉语 / 英语条件相比，在日语 / 意大利语条件下额下回激活更强，可能是日语和意大利语的句子材料加工需要更多的控制、努力，因为这些材料对参与者来说是陌生的。就像其他研究所证明的那样，熟悉度可能是词汇和句子加工过程中的一个重要变量。然而，在目前的语境中，我们必须注意到，熟悉的本质包含两个层次的含义：一个层次是熟悉一个词的形式（如它的词性、音位和音素）；另一个层次是对词义的熟悉程度（Cordier & Le, 2005）。我们的研究结果表明，这两种熟悉层次可能对语言辨别都至关重要。举例来说，汉语 / 英语和日语 / 意大利语的句子条件下激活模式不同，可能是由于对形式和对意义的熟悉度，因为与汉语和英语相比，日语和意大利语句子没有语义信息，并且包含了被试不熟悉的语音形式。为了进一步区分在我们的数据中熟悉度对语义加工的影响，我们还将汉语 / 英语句子条件与节奏 + 语调句子条件（表 1.2）的激活模式进行比较，表明语言辨别结果是由语义、语音和韵律线索之间的竞争相互作用所引起的。

表 1.2　事后比较中显著激活的区域，体素阈值 p<0.05，团块大小≥ 378mm^3

脑区	BA 分区	激活团块体积（mm^3）	最高强度坐标 *			局部最高强度（t值）
			x	y	z	
节奏 + 声调＞汉语 / 英语						
右颞中回 / 颞上回 / 缘上回	21/22/40	999	−47	−47	18	4.059
右额下回（岛盖部）	44/45	567	59	11	18	3.455
左额下回（眶部）/ 脑岛	47/13	540	−26	20	−7	3.204
右额下回（三角部）/ 脑岛	45/13	432	35	29	15	3.683
左额中回 / 额下回（三角部）	9/46	378	−41	32	27	3.777
汉语 / 英语＞节奏 + 声调						
左颞中回 / 颞下回	20/21	2565	−47	−41	−4	4.067
右颞下回 / 颞中回	20/21	1134	56	−44	−7	3.161
右颞上回 / 颞中回	22/21	945	59	−5	−7	3.953
左额下回（三角部）	45	405	−38	17	24	3.147

* 坐标位于 Talairach 和 Tournoux（1988）空间，团块激活最强体素位于此

语言辨别对词汇语义知识的强烈依赖并不意味着其他的线索无用。它只是简单地说明了，倾听者分配了更多的认知资源给对任务加工更有效、更可靠的线索。事实上，在汉语 / 英语的语言辨别中词汇语义加工是占主导的，我们也可以看到其他区域的激活，例如，左颞中回、右颞上沟和颞中回。其他一些与韵律信息加工相关的区域，很有可能与汉语中声调信息

的加工相关。很明显，高级线索（词汇语义）的加工不能单独进行，必须依赖较低级的前词汇线索以及词汇和前词汇线索之间的相互作用。图 1.5 清晰地表明在汉语 / 英语句子条件下，被试能够在加工过程中使用词汇语义信息，额下回比较活跃；在没有语义信息可利用时（日语 / 意大利语条件下），它的活跃度要低。当我们听自己的母语和第二语言时，语义加工和集成必须依赖于高级别和较低级别的信息源之间的交互过程。因此，大脑也必须同时启用这些语义、语音和韵律线索加工的脑区。

正如前面所讨论的，语言辨别发生在新生儿和婴幼儿的早期。婴儿和幼儿依赖于前词汇线索，而成年人则依赖于各种前词汇线索和更重要的词汇线索。我们的研究表明，成年人会根据声音和语言线索的数量和种类来使用互补和竞争的神经结构。尽管我们还不知道孩子从什么时候开始像成年人一样可靠、认真地使用词汇语义知识来进行语言辨别，但我们的研究表明，成年人不像婴儿和幼儿那样完全使用前词汇线索，特别是韵律线索，部分原因是成年人已经有足够庞大的词汇语义知识库。

在我们看来，这种儿童和成人的差异依赖于前词汇线索和词汇线索之间的比较，这对理解为什么成年后的语言习得不同于婴儿时期或幼儿时期的语言习得有重要意义。在婴儿期到幼儿期，学习者获取和利用较低层次的信息从底层构建语言，如首先利用韵律和声学线索，再是语音线索，最后是词汇语义线索。与此相反，在成年期，学习者同时通过前词汇和词汇、超音段和音段以及语法和语义的线索来学习语言任务。这一观点与文献中所讨论的习得效应的年龄特征的解释相一致：早期的语言学习具有很强的听觉基础，利用学习者的韵律和语音知识；后期的学习则需要更复杂的过程，如语义检索（Hernandez & Li, 2007）。我们的发现表明在学习一门新语言或语言辨别中，婴儿、儿童和成人有不同的大脑激活竞争形式。

参考文献

Bates, E., MacWhinney, B., 1982. Functionalist approaches to grammar. In: Wanner, E., Gleitman, L. （Eds.）, *Child Language: the State of the Art*. Cambridge University Press, New York, pp. 173–218.

Bates, E., MacWhinney, B., 1987. Competition, variation and language learning. In: MacWhinney, B. （Ed.）, *Mechanisms of Language Acquisition*. Erlbaum, Hillsdale, NJ, pp. 157–194.

Bates, E., MacWhinney, B., 1989. Functionalism and the Competition Model. In: MacWhinney, B., Bates, E. （Eds.）, *The Crosslinguistic Study of Sentence Processing*. Cambridge University Press, New York, pp. 3–76.

Bosch, L., Sebastián-Gallés, N., 1997. Native language recognition abilities in 4-month old infants from monolingual and bilingual environments. *Cognition*, 65, 33–69.

Bosch, L., Sebastián-Gallés, N., 2001a. Early language discrimination in bilingual infants. In: Cenoz, J., Genesee, F. （Eds.）, *Trends in Bilingual Acquisition*. John Benjamins, Amsterdam.

Bosch, L., Sebastián-Gallés, N., 2001b. Evidence of early language discrimination abilities in infants from bilingual environments. *Infancy*, 2, 29–49.

Brown, S., Martinez, M.J., Hodges, D.A., Fox, P.T., Parsons, L.M., 2004. The song system of the human brain. *Cognitive Brain Research*, 20, 363–375.

Cordier, F., Le, N.Y.J., 2005. Evidence for several components of word familiarity. *Behavior Research Methods*, 37, 528–537.

Cox, R.W., 1996. AFNI: software for analysis and visualization of functional magnetic resonance neuroimages. *Computer Biomedical Research*, 29, 162–173.

Cox, R.W., Jesmanowicz, A., 1999. Real-time 3D image registration for functional MRI. *Magnetic Resonance in Medicine*, 42, 1014–1018.

Démonet, J.F., Chollet, F., Ramsay, S., Cardebat, D., Nespoulous, J.L., Wise, R., Rascol, A., Frackowiak, R., 1992. The anatomy of phonological and semantic processing in normal subjects. *Brain*, 115, 1753–1768.

Démonet, J.F., Thierry, G., Cardebat, D., 2005. Renewal of the neurophysiology of language: Functional neuroimaging. *Physiological Reviews*, 85, 49–95.

Dutoit, T., Pagel, V., Pierret, N., Bataille, F., van der Vrecken, O., 1996. The MBROLA Project: Toward a set of high-quality speech synthesizers free of use for non-commercial purposes. *Proceedings of the Fourth International Conference on Spoken Language Processing* （Philadelphia, PA）, pp. 1393–1396.

Gabrieli, J.D.E., Poldrack, R.A., Desmond, J.E., 1998. The role of left prefrontal cortex in language and memory. *Proceedings of the National Academy of Sciences of the United States of America*, 95, 906–913.

Gandour, J., 2006. Brain mapping of Chinese speech prosody. In: Li, P., Tan, L.H., Bates, E., Tzeng, O.J.L. （Eds.）, *Handbook of East Asian Psycholinguistics* （Vol. 1: Chinese）. Cambridge University Press.

Gandour, J., Xu, Y., Wong, D., Dzemidzic, M., Lowe, M., Li, X., Tong, Y., 2003. Neural correlates of segmental and tonal information in speech perception. *Human Brain Mapping*, 20, 185–200.

Gandour, J., Tong, Y., Wong, D., Talavage, T., Dzemidzic, M., Xu, Y., Li, X., Lowe, M., 2004. Hemispheric roles in the perception of speech prosody. *Neuro Image*, 23, 344–357.

Gold, B., Balota, D., Jones, S., Powell, D., Smith, C., Andersen, A., 2006. Dissociation of automatic and strategic lexical-semantics: functional magnetic resonance imaging evidence for differing roles of multiple frontotemporal regions. *Journal of Neuroscience*, 26, 6523–6532.

Hagoort, P., 2005. On Broca, brain, and binding: a new framework. *Trends in Cognitive Science*, 9, 416–423.

Hesling, I., Clement, S., Bordessoules, M., Allard, M., 2005. Cerebral mechanisms of prosodic integration: evidence from connected speech. *NeuroImage*, 24, 937–947.

Hernandez, A., Li, P., 2007. Age of acquisition: its neural and computational mechanisms. *Psychological Bulletin*, 133, 638–650.

Jongman, A., Wang, Y., Moore, C., Sereno, J., 2006. Perception and production of Chinese tones. In: Li, P., Tan, L.H., Bates, E., Tzeng, O.J.L. （Eds.）, *Handbook of East Asian psycholinguistics* （Vol. 1: Chinese）. Cambridge University Press.

Leavers, V.F., Burley, C.E., 2001. The use of cognitive processing strategies and linguistic cues for efficient automatic language identification. *Language Sciences*, 23, 639–650.

Li, P., Bates, E., MacWhinney, B., 1993. Processing a language without inflections: a reaction time study of sentence interpretation in Chinese. *Journal of Memory and Language*, 32, 169–192.

Liebenthal, E., Binder, J.R., Spitzer, S.M., Possing, E.T., Medler, D.A., 2005. Neural substrates of phonemic perception. *Cerebral Cortex*, 15, 1621–1631.

Lorch, M., Meara, P., 1995. Can people discriminate languages they don' t know? *Language Sciences*, 17, 65–71.

MacWhinney, B., 1989. Competition and connectionism. In: MacWhinney, B., Bates, E. （Eds.）, *The Crosslinguistic Study of Sentence Processing*. Cambridge University Press, New York, pp. 422–457.

MacWhinney, B., 2004. A multiple process solution to the logical problem of language acquisition. *Journal of Child Language*, 31, 883–914.

Meyer, M., Alter, K., Friederici, A.D., Lohmann, G., von Cramon, D.Y., 2002. FMRI reveals brain regions mediating slow prosodic modulations in spoken sentences. *Human Brain Mapping*, 17, 73–88.

Meyer, M., Steinhauer, K., Alter, K., Friederici, A.D., von Cramon, D.Y., 2004. Brain activity varies with modulation of dynamic pitch variance in sentence melody. *Brain and Language*, 9, 277–289.

Nazzi, T., Ramus, F., 2003. Perception and acquisition of linguistic rhythm by infants. *Speech Communication*, 41, 233–243.

Nazzi, T., Bertoncini, J., Mehler, J., 1998. Language discrimination by newborns: towards an understanding of the role of rhythm. *Journal of Experimental Psychology: Human Perception and Performance*, 24, 756–766.

Nazzi, T., Jusczyk, P.W., Johnson, E.K., 2000. Language discrimination by English-learning 5-month-olds: effects of rhythm and familiarity. *Journal of Memory and Language*, 43 （1）, 1–19.

Plante, E., Creusere, M., Sabin, C., 2002. Dissociating sentential prosody from sentence processing: activation interacts with task demands. *NeuroImage*, 17, 401–410.

Price, C.J., 2000. The anatomy of language: contributions from functional neuroimaging. *Journal of Anatomy*, 197, 335–359.

Ramus, F., 2002. Language discrimination by newborns: teasing apart phonotactic, rhythmic, and intonational cues. *Annual Review of Language Acquisition*, 2, 85–115.

Ramus, F., Mehler, J., 1999. Language identification with suprasegmental cues: a study based on speech resynthesis. *The Journal of the Acoustical Society of America*, 105, 512–521.

Ramus, F., Nespor, M., Mehler, J., 1999. Correlates of linguistic rhythm in the speech signal. *Cognition*, 73, 265–292.

Ramus, F., Hauser, M., Miller, C., Morris, D., Mehler, J., 2000. Language discrimination by human newborns and by cotton-top tamarin monkeys. *Science*, 288, 349–351.

Stowe, L.A., Haverkort, M., Zwarts, F., 2005. Rethinking the neurological basis of language. *Lingua*, 115, 997–1042.

Tincoff, R., Hauser, M., Tsao, F., Mehler, J., 2005. The role of speech rhythm in language discrimination: further tests with a non-human primate. *Developmental Science*, 8, 26–35.

Vigneau, M., Beaucousin, V., Herve, P.Y., Duffau, H., Crivello, F., Houde, O., Mazoyer, B., Tzourio-Mazoyer, N., 2006. Meta-analyzing left hemisphere language areas: phonology, semantics, and sentence processing. *NeuroImage*, 30, 1414–1432.

Weikum, W., Vouloumanos, A., Navarra, J., Soto-Faraco, S., Sebastián-Gallés, N., Werker, J., 2007. Visual language discrimination in infancy. *Science*, 316, 1159.

Wong, P.C.M., Parsons, L.M., Martinez, M., Diehl, R.L., 2004. The role of the insular cortex in pitch pattern perception: the effect of linguistic contexts. *Journal of Neuroscience*, 24, 9153–9160.

Zhao, J., Shu, H., Zhang, L., Wang, X., Gong, Q., & Li, P. 2008. Cortical competition during language discrimination. *NeuroImage*, 43（3）, 624–633.

Zhang, L., 2006. Rhythm in Chinese and its acquisition. *Doctoral dissertation*, Beijing Normal University, Beijing.

Zhang, Y., Wang, Y., 2007. Neural plasticity in speech acquisition and learning. *Bilingualism: Language and Cognition*, 10, 147–160.

第二章　汉语口语词汇识别研究

在成功完成硕士论文的研究工作后，我对科研开始有了信心，并有了独立设计实验和提出研究思想的欲望。于是在撰写硕士论文及相关英文文章期间，我开始了第二项研究工作。由于完成第一项研究工作，需要用到大量语音学知识，因此我自学了语言学和语音学。在自学的过程中，我发现汉语的语音存在很多区别于拼音语言（如英语）的特点。我总结了汉语语音结构的几个显著特征：第一，音节和语素（语义）具有明显的对应关系，汉语中的每一个音节都有意义，而英语等拼音语言存在很多多音节词，音节与语义不存在明显的对应关系。第二，汉语音节结构包括音段信息（声母和韵母）和超音段信息（声调），作为独特的超音段信息，汉语的声调具有区分意义的功能。第三，汉语单音节结构对辅音开头和辅音结尾都有明确规定，不允许开头有多个辅音（如 /sk/, /fl/, /str/ 等），只允许使用两个鼻辅音作为结尾（/n / 和 / ŋ /）而英语等拼音语言的音节开头和结尾都既可以包含辅音，也可以包含辅音串。基于这样的调研发现，我认为汉语音节结构的特殊性，很可能会影响其单音节口语词汇识别的过程。

由此，我设计了自己的第二项研究，探讨汉语单音节口语词汇识别的时间进程，考察其与拼音文字口语词汇识别时间进程的异同。这项研究测量了汉语被试听到单音节口语词汇时的脑电波反应。通过呈现与目标图片相匹配或不匹配的口语词汇来操控不同的语音条件，不匹配类型分为以下四种：声母不匹配，韵母不匹配，声调不匹配及音节不匹配。结果发现与目标语音完全不匹配的音节不匹配的词汇比其他三种与目标语音局部不匹配的词汇激活的脑电波 N400 更早更强烈，而其他几种局部不匹配的词汇也比匹配条件激活了更深的 N400，但激活的 N400 没有差别。这一结果与英语的单音节口语词汇识别的发现存在显著不同，英语的实验发现音节不匹配的词汇比其他三种局部不匹配词汇激活的脑电波 N400 时程更长，而声母不匹配和韵母不匹配的词汇激活的 N400 在时间进程上也存在差异。汉语和英语听者之间对口语处理的差异验证了我的汉语语音加工存在特殊性的想法。我的发现揭示了音节水平意识在汉语口语识别中的重要作用，也意味着汉语单音节词的识别可能更多地依赖于整体音节结构的相似性。该研究于 2011 年发表在 *Neuropsychologia*[49（7）, 1761-1770]。

第一节　口语词汇识别

一、口语词汇识别模型

人类口语的速度非常快，平均每秒为两到三个字。言语快速、短暂和连续的性质表明，口语词汇的表征随着时间的推移，随着听觉输入的展开，是逐渐进行的。当前口语词汇识别的几个模型一致认为语音信息在口语词汇识别中不断整合，随着语音的输入，具有相似语音特征的一组词汇相互竞争。然而，这些模型对竞争模式的解释却各不相同。

词首模型（The cohort model，Marslen-Wilson & Tyler, 1980）表明口语激活需要词首信息完全匹配（比如，cap、cat、cab、catch 和 captain，称为“cohort”），映射过程完全依赖于自下而上的声学规律。这样，由于词首信息不同，押韵的词群（比如，map、tap 和 zap, 称为“rhymes”）不被囊括在语音竞争的过程中。

其他的模型，比如说临近激活模型（The Neighborhood Activation Model, “NAM”, Luce & Pisoni, 1998）、备选 / 合并模型（Shortlist/Merge Model, Norris, 1994; Norris & McQueen, 2008; Norris, McQueen, & Cutler, 2000）和追踪模型（TRACE Model, McClelland & Elman, 1986）都允许押韵的词群进行语音竞争。在临近激活模型中，所有的语音相近词或只有音素存在差异的词均会产生激活竞争（比如，cap 的相近词有 cop、cape 和 clap，押韵的词群有 map、tap 和 zap）。虽然临近激活模型允许押韵词群之间的语音竞争，但竞争词之间的语音差异计算是以语音相似性为基础的，因此没有考虑口语词汇的时间属性。

备选 / 合并模型和追踪模型都预测了押韵词汇之间的竞争是由于口语词汇识别的时间展开属性引起的。这些模型假设在与语音输入重叠的任何点，词汇都可以被激活。尽管备选 / 合并模型和追踪模型的词汇获取的假设相似，但是其内在的架构是不同的。追踪模型从词汇到音素水平的影响通过反馈连接，随着语音的展现，自下而上的串行声学和自上而下的词汇信息产生交互作用。备选 / 合并模型假设由词汇知识到语音是自上而下的处理，竞争发生在词后的决定阶段，而不是在线语音处理阶段。此外，追踪模型提供了明确的预测证据，在口语识别的竞争阶段，相较于押韵的词群，词首相同的词群更有优势：特别是，词首相同的词群呈现出早且强的激活，押韵的词群呈现出晚且弱的激活。这是因为追踪模型假设词汇选择部分由词汇选项之间的侧抑制来决定：词首相同的词群比押韵的词群激活更早，并通过侧抑制来抑制押韵词群的激活。

二、口语识别的时间进程研究

高时间分辨率技术为口语识别模型提供了直接的证据。Allopenna、Magnuson 和 Tanenhaus （1998）首次通过眼动仪监控眼睛注视语音竞争词图片的情况，为词首相同的词群和押韵的词群竞争提供了明确的证据，支持了追踪模型的预测。词首相同的词汇竞争（如 BEETLE-beaker）在早期时间进程中比押韵的词汇竞争（如 SPEAKER-beaker）有更多的注视时间。押韵的词汇往往发生在较晚的时间进程中，并且比词首相同的词群效应弱得多。利用人造词汇（比如，/pibu/, /dibo/ 和 /pibo/），Magnuson、Tanenhaus、Aslin 和 Dahan （2003）重复了 Allopenna （1998）等人对真词进行眼动追踪的研究结果。新词识别的时间进程与真词加工的时间进程是非常相似的。

通过另一项高时间分辨率技术——事件相关电位（ERP），其他研究人员在口语词汇识别过程中检测到动态的脑波形状变化。Van Petten、Coulson、Rubin、Plante 和 Parks （1999）等研究者发现与目标词词首相同的词汇和与目标词押韵的词汇 N400 的起始时间有差异（N400：语义不规范刺激出现 400ms 后达到峰值的一个负成分，Kutas & Hillyard, 1984），但在晚期的时间窗口无差异：尽管词首相同词汇的 N400 相对于押韵词汇的 N400 延迟了 200ms，但是 N400 的结束时间在词首相同的词汇和押韵的词汇之间是完全重叠的。因此，ERP 的结果并不支持追踪模型，而与词群模型更为一致。

然而，Liu 等人使用与 Van Petten（1999）等人相似的任务，对汉语的双音节口语词汇进行研究发现，与英语口语词汇识别相比，汉语口语词汇识别有着不同的时间过程（Liu, Shu, &Wei, 2006）。押韵的词汇（第一个音节不同，如 /dian4 chi2/-/shui3 chi2/）比首音节相同的词汇（第二个音节不同，如 /dian4 chi2/-/dian4 lu2/）激活更早的 N400 效应，由于和目标词的第二个音节相同，押韵的词汇诱导的 N400 时程更短。Liu 等的研究结果显示出早期且强烈的首音节词群效应，以及晚期且同样强烈的押韵效应。因此，相较于 Van Petten （1999）等人使用 ERP 和 Allopenna （1998）等人用眼动追踪仪器对英语研究得到的结果，汉语双音节研究的结果既不能用词群模型也不能用追踪模型来解释，而是体现了汉语加工的特殊性。

近年来，Desroches（2009）等人使用视觉图像/口语词汇匹配的ERP范式，揭示了单音节口语词汇识别的时间进程。她和同事发现词首相同的词汇（如ROSE-road）和押韵的词汇（如ROSE-hose）在不同的时间窗口调节着不同的ERP成分。押韵的词汇引发了较早的负性ERP成分（230–410ms），包括语音不匹配负波（PMN, 230–310ms）和早期N400（310–410 ms），然而词首相同的词汇引发了晚期的N400（410–600 ms）。Desroches（2009）等人的ERP图形和Liu（2006）等人的ERP图形很相似，但这两项研究结果的解释却有很大的不同。Desroches（2009）等人强调从词汇水平到音素水平的反馈，因此支持了追踪模型，然而Liu（2006）等人强调从词汇水平到音节水平的反馈。两个研究操纵的口语单元也不相同：英语研究的口语匹配和不匹配是在音素水平，但汉语研究则是在音节水平。想了解汉语和英语口语词汇识别是否真的存在差异，还需要进一步的汉语单音节口语词汇识别的研究。

第二节　汉语单音节口语词汇识别的实证研究

汉语单音节口语词汇识别的时间进程是怎样的？我们预期汉语单音节口语词汇识别与英语可能非常不同，因为两种语言的音节结构有很大的差异。汉语单音节结构的第一个显著特征是：有意义音节和语素之间是一一对应的关系，这可能使音节水平的加工对汉语单音节口语识别更为重要。第二，汉语音节内部的结构也和英语有极大的差异，汉语音节由分段信息（声母和韵母）和超节段信息（声调）组成。作为独特的超音节单位（基调 F_0）或音节结构，声调也可以区分有着相似声母和韵母的汉语单词之间的含义。第三，汉语的分段信息结构（声母和韵母）和英语有很大不同，汉语单音节结构可以仅仅是CVN、CV、VN或者V类型的（C代表辅音，

V 代表元音，N 代表鼻音）；汉语不允许开头有多个辅音（如 /sk/, /fl/, /str/ 等），只允许使用两个鼻辅音作为结尾（/n / 和 /ŋg/）；但在英语中，单音节接受复杂的发音和结尾（如 CCVC、CVCC、CCV 和 VCC 类型）。

本研究通过 ERP 去直接测量汉语单音节口语识别的时间进程，回答下列三项问题。第一个问题是：音节在汉语单音节口语识别中是否起着重要的作用，主要通过考察全音节不匹配的竞争词（如 /bi2/-/ge1/）是否比部分匹配（声母匹配、韵母匹配或是声调匹配）的竞争词（如 /bi2/-//bo2/,/li2/, 或 /bi3/）存在较少的竞争。第二个问题是：考查仅声调不同的竞争词汇（如 /bi2/-/bi3/）是否在汉语单音节口语词汇识别中会出现词汇激活的竞争，尤其是声调作为词汇功能，是否与音段信息（声母和韵母）在词汇竞争中起到了一样显著的作用？与音段信息相比，声调激活的时间进程是怎样的？第三个问题：考查汉语单音节词汇识别过程中词首相同的词群和押韵的词群是否展示出和英语词汇相同的竞争效应，汉语口语识别中词首相同的词群和押韵的词群的词汇竞争模式在时间进程和强度上是否都会有所不同？

我们设计了一个图片 / 口语词汇 / 图片判断的新范式，它与 Desroches（2009）等人研究中使用的图片 / 口语词汇匹配的任务相似但不完全相同。这样做的目的是不需要被试在口语词汇加工过程中做出决定。相反地，被试是被动地听口语词汇，然后判断先前呈现的图片和随后呈现的图片是否属于相同的语义类别。我们给被试提供一些先导图片，以建立强烈的口语预期，然后观察与预期不符时的脑电波反应以及脑电波是如何跟随我们对口语的操纵而发生改变的。口语词汇和期望词汇之间的关系共有五种情况。（1）与目标图片对应的发音（匹配的情况，如 /bi2/-/bi2/）；四种与目标图片不匹配的发音：（2）声母不同（声母不匹配情况，如 /bi2/-/li2/）；（3）韵母不同（韵母不匹配情况，如 /bi2/-/bo2/）；（4）声调不同（声调不匹配情况，/bi2/-/bi3/）；（5）音节不同（音节不匹配情况，如 /bi2/-/ge1/）。当被试被动地听到不同发音类型的汉语单音节词时，使用 ERP 跟踪记录被试的脑电波反应。Desroches（2009）等人使用视觉图像 / 口语匹配任务，发现了脑电波在词首不匹配和押韵不匹配条件下有不同的时间进程。我们设置了这种非注意加工的口语词汇识别实验条件，为的是观察在口语识别过程中当没有明确的决策任务控制时，脑波中是否也能自动检测到词首不匹配和押韵不匹配的不同词汇竞争模式。

我们期望 ERP 的 N400 成分会在目标词汇和口语预期不符的时候产生更强的激活。对于第一个问题，我们预计音节不匹配条件将会比声母 / 韵母 / 声调不匹配条件激发更早更强的 N400，这符合我们的预期：音节水平在汉语单音节口语识别中起着更重要的作用。然而，如果声母不匹配和音节不匹配条件下的 N400 起始时间和波幅相似，那么研究结果就和英语口语识别研究中所做的时间序列递增加工假设一致。声调不匹配和韵母不匹配条件之间 N400 效应的对比，可以使我们能够评估超音段信息和音段信息在词汇提取动态过程中的相对作用；如果声调不匹配和韵母不匹配条件下的 N400 波幅和起始时间相当，我们可以得出结论：声调和韵母之间的词汇激活竞争是相对平等的，声调信息实际上起着与音段信息一样重要的区分词汇的功能；相反的，如果声调不匹配和韵母不匹配条件之间 N400 在起始时间和波幅方面都出现差异，这将支持声调可能是和音段信息处理过程分离的观点。如果声母不匹配和韵母不匹配条件的 N400 时间进程出现差异，这些差异将支持汉语单音节口语识别中词汇激活的时间动态竞争；然而，如果结果表明声母情况和韵母情况的 N400 时间进程没有差异，这将意味着汉语口语识别的时间动态是更倾向于整体处理而非时间动态竞争。

一、被试

17 名北京师范大学右利手大学生（6 名男性）参与本研究。所有被试的母语是普通话，没有口语和听力问题，没有神经系统或精神异常史。他们在参加实验之前签署了北京师范大学批准的知情同意书，有偿参与这项研究工作。

二、研究材料

从 Snodgrass 图片库选择 43 张黑白图片作为目标图片，这些图片经过中国群体的熟悉度评估、命名一致性评估、表现一致性和视觉复杂度评估（Shu, Cheng, & Zhang, 1989）。每张目标图片与五张不同的图片相匹配，这些图片与目标图片属于相同或不同的语义类别。每张目标图片也跟五个不同的单音节口语词汇相对应，这些口语词汇都有具体含义。考虑到汉语存在大量的同音异义词，我们确保特定口语词汇至少有一个同音词有具体含义。在匹配条件下，口语词汇恰好是图片的名称（如 nose-/bi2/）。其他情况是四类不同的不匹配类型：三类部分不匹配（声母不匹配情况，如 nose-/li2/；韵母不匹配情况，如 nose-/bo2/；声调不匹配情况，如 nose-/bi3/）；还有一类完全不匹配（音节不匹配情况，如 nose-/ge1/）。由一名成年女性用普通话以正常速度朗读口语词汇，使用 Praat 4.5.25 以 16 位进行数字记录，采样率为 44100Hz（http://www.fon.hum.uva.nl/praat/）。使用 Praat 将所有口语词的幅度标准化为 70dB。口语词汇在“匹配”“声母不匹配”“韵母不匹配”“声调不匹配”和“音节不匹配”条件下的平均持续时间（ms）分别为：541（96），537（86），541（105），548（98），515（112），条件间的持续时间没有差异。四种不匹配条件的口语词汇在频率、同音词数量以及和目标图片的语义相关性方面均无差异。根据现代汉语频率字典（Wang, 1986），匹配、声母不匹配、韵母不匹配、声调不匹配和音节不匹配条件下口语词汇的平均频率（次 / 百万）分别为：1637（2884），1441（2197），1624（1810），1215（1376），1197（1192）。匹配、声母不匹配、韵母不匹配、声调不匹配和音节不匹配条件下口语词汇的平均同音异义词数量分别为：9.5（8.0），10（8.5），8.4（7.4），8.4（5.4），9.6（5.2）。对口语词汇和目标图片之间的语义相关性进行五点评分量表评定：1分表示语义不相关；5分表示语义最相关。匹配、声母不匹配、韵母不匹配、声调不匹配和音节不匹配条件下与目标图片的语义相关性分别是：4.4（0.6），1.5（0.6），1.7（0.4），1.7（0.8），1.3（0.3）。

三、实验程序

每一试次开始后，电脑屏幕中间将呈现1000ms的一个固定十字（“+”），然后在屏幕中间呈现2000ms的图片（如“鼻子”），在下方呈现汉语名称（如汉字“鼻”），图片/汉字消失后紧接着呈现汉语单音节词（如/bi2/），在发出语音时，屏幕是空白的。在空白屏幕3000ms间隔之后，将呈现另一图片（如“耳朵”），要求被试一看到第二张图片，就立即按键反应，尽可能又快又准确地完成语义分类任务，即判断第一张图片和第二张图片是否属于同一语义类别。例如，如果第一张照片是鼻子，第二张照片是耳朵，则被试应使用左手食指按键盘上的“A”键来回答“是”；如果第一张图片是鼻子，第二张图片是桌子，则应使用右手食指按键盘上的“L”键来回答“否”。在每个条件下，“是”和“否”的反应概率是相同的。第二张图片呈现时间最长是2000ms，图片直到被试做出反应才消失。被试的反应与下一试次开始之间的间隔为4000ms。图片/语音/图片任务的实验流程如图2.1所示。

实验刺激的呈现由E-Prime 1.1软件控制（Psychology Software Tools Inc., Pittsburgh, PA, USA）。要求被试在刺激呈现时不要眨眼和移动身体。在实验开始时，被试进行6次练习，以熟悉实验程序。实验共有215个试次（5种条件下每类情况包括43个试次）。5种条件的试次随机交错呈现，整个实验持续约40分钟，被试在实验中间休息两次。

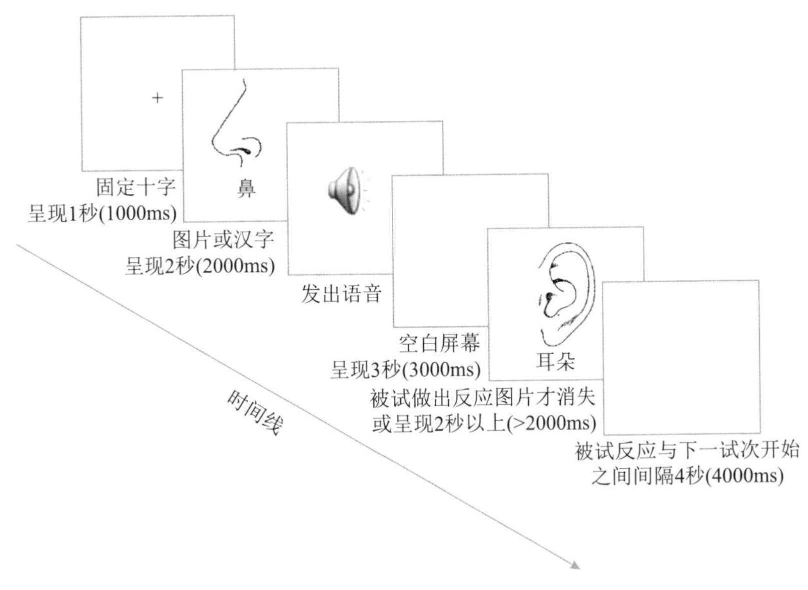

图 2.1　图片 / 语音 / 图片任务实验流程

四、脑电记录和数据分析

使用 64 通道 Quick cap 记录 EEG 信号（Neuroscan Inc., El Paso, Texas, USA）。在线记录期间，所有电极都以左乳突为参考，实验中同时记录了垂直和水平眼电，电极阻抗保持在 5 kΩ 以下。EEG 信号以 500Hz 采样，带通是 0.05~100Hz。ERP 波形的平均以口语词汇呈现前后的 -90~900ms 为窗口，以口语呈现前 90ms 作为基线，排除被过度眨眼和运动伪影污染的试次。

基于脑波的视觉检查和前人的研究，我们关注这三类成分波：N1，P2 和 N400。N1 和 P2 通常与对听觉刺激进行的物理分析有关（Crowley & Colrain, 2004; Naatanen & Picton, 1987）。因为 N1 和 P2 是共同变化关系，即较高的 N1 波幅伴随着较低的 P2 波幅，反之亦然，因此本研究计算 N1 和 P2 的峰值到峰值的幅值。对 N1P2 峰值—峰值的幅值进行双因素方差分析:

条件（匹配、声母、韵母、声调和音节条件）和电极位点（F7，F3，FZ，F4，F8，C3，CZ，C4，T7，T8，P7，P3，PZ，P4 和 P8）为两个自变量。

对于 N400 成分，我们首先计算常规 N400 时间窗口（300~500 ms）的平均波幅，然后计算 300~500ms 内两个不同时间段的平均幅度（300~400ms 和 400~500ms），以进一步阐明 N400 时间窗的内部时间动态过程。最后，我们计算了在 300~500ms 时间窗口中 ERP 峰值的时间潜伏期，以进一步测试在不同条件下，时间进程差异是否被反映在 N400 峰值的潜伏期中。

对每个时间窗的平均波幅以及峰值潜伏期进行两个单独的 ANOVA 分析。选取 16 个电极来限定 4 个兴趣区（左前：F3，F1，FC1，FC3；左后：C3，C1，CP1，CP3；右前：F4，F2，FC2，FC4；右后：C4，C2，CP2，CP4）。我们进行了三因素 ANOVA 分析：条件（匹配、声母不匹配、韵母不匹配、声调不匹配和音节不匹配条件）：区域（前、后）和 X 半球（左、右）为三个自变量。为了探索传统 N400 分布区域的 N400 效应，研究又选择 15 个中心电极进行双因素 ANOVA 分析：条件（匹配、声母不匹配、韵母不匹配，声调不匹配和音节不匹配条件），和电极（C3，C1，CZ，C2，C4，CP3，CP1，CPZ，CP2，CP4，P3，P1，PZ，P2 和 P4）为两个自变量。

五、结果

（一）行为结果

任务的准确率和反应时如表 2.1 所示。反应时超过 2500ms 的试次被删掉（1%），我们还删掉了 22 项被试表现不佳的试次（超过一半以上被试做出错误回答的试次）。对准确性进行方差分析显示，各条件在统计上差异是显著的 [F（4，64）= 4.59，$p < 0.01$]。被试的良好正确率表现表明他们在整个实验过程中都很好地参与。对反应时（只有正确反应的试次

才包含在反应时分析中）进行方差分析，结果是各条件之间没有显著差异[F（4，64）= 1.21，ns]，这表明所有条件在难度上是相对平衡的。

表 2.1　图片 / 口语词汇 / 图片实验各条件下准确率和反应时的平均值和标准误差

条件	准确率（%）	反应时（ms）
匹配	88.4（1.8）	1007（52）
声母不匹配	90.6（1.1）	997（61）
韵母不匹配	85.5（1.9）	1021（59）
声调不匹配	86.1（1.9）	997（58）
音节不匹配	84.7（1.9）	1036（51）

（二）脑电结果

典型电极的 ERP 反应总平均值如图 2.2 所示。在本实验中观察到有三种 ERP 波在约 100ms、200ms 和 400ms 达到峰值。我们根据相位、峰值和形态分布进行检测，将这些 ERP 组成的波称为 N1，P2 和 N400，三个成分广泛分布在整个大脑。四类不匹配条件和匹配条件之间在三个不同时间窗（300~500 ms, 300~400 ms 和 400~500 ms）的差异地形图如图 2.3 所示。音节不匹配条件和匹配条件之间有一个明显的 N400 差异，从口语词汇出现的 300ms 开始，持续整个 N400 时间窗口，从 300ms~500ms。另外三个部分不匹配条件仅在 400~500ms 的时间窗口中引发比匹配条件更大的 N400。

（三）N1P2 峰值—峰值波幅分析

方差分析结果显示，条件的主效应、条件与电极位置的交互作用在统计上均不显著 [F（4，64）= 1.26，ns；F（56，896）= 1.09，ns]，这意味着 N1P2 峰值—峰值在各条件下没有出现显著差异，因此，该结果表明各条件之间没有基本的声学差异。

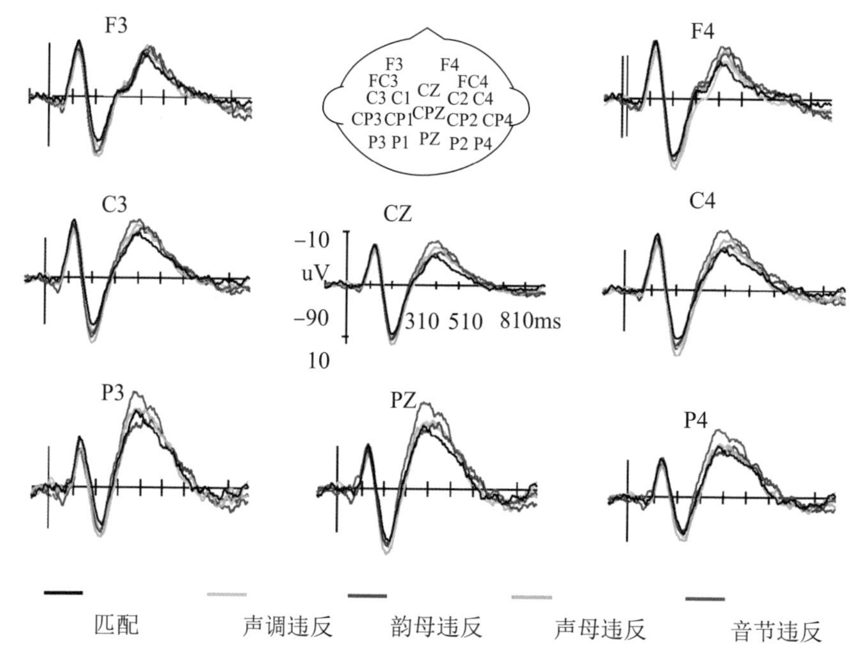

图 2.2　汉语单音节口语词 ERP 反应的总平均波形

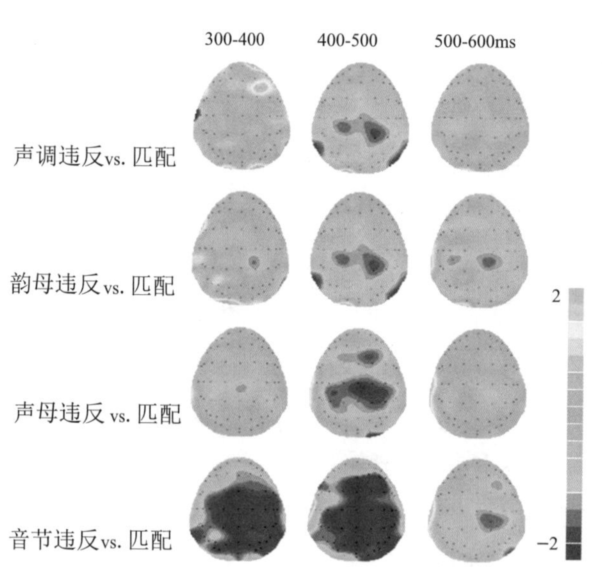

图 2.3　三类匹配条件和不匹配条件下的脑电地形图差异

（四）常规 N400 时间窗 300–500ms 分析

四个兴趣区的电极方差分析结果显示，条件主效应不显著[$F(4, 64) = 1.78$, ns]，但是条件和区域的交互作用[$F(4, 64) = 3.04, p < 0.02$]、条件和脑半球的交互作用[$F(4, 64) = 2.90, p < 0.03$]均显著。进一步事后分析显示条件在前部和后部电极的效应均显著[前部：$F(4,64) = 3.03, p < 0.02$；后部：$F(4, 64) = 17.11, p < 0.001$]，后部区域比前部区域条件之间存在更大的 ERP 差异，条件在右半球存在边缘显著的差异[$F(4, 64) = 2.39, p < 0.06$]。两两比较表明音节不匹配条件和匹配条件之间存在显著差异（被试之间的差异范围是从 2.90μν~0.40μν，$p < 0.01$），声母不匹配条件和匹配条件之间的差异在统计上是边缘显著的（被试之间的差异范围从 1.73μν~-0.09μν，$p < 0.07$）。总体而言，结果表明了在右半球前后区域的 300~500ms 窗口中，音节不匹配条件激活了更强的 N400 反应。

中央电极方差分析结果显示，条件的主效应边缘显著[$F(4, 64) = 2.26, p < 0.10$]，条件和电极位置之间的交互作用显著[$F(4, 64) = 1.35, p < 0.05$]。进一步分析显示在电极 CZ，C2，C4，CPZ，CP2 和 CP4 条件的主效应显著[CZ：$F(4, 64) = 3.09, p < 0.02$；C2：$F(4, 64) = 3.24, p < 0.02$；C4：$F(4, 64) = 2.57, p < 0.05$；CPZ：$F(4, 64) = 2.53, p < 0.05$；CP2：$F(4, 64) = 2.83, p < 0.03$；CP4：$F(4, 64) = 3.02, p < 0.02$]。两两比较表明音节不匹配条件和匹配条件之间存在显著差异（被试之间的差异范围从 3.86μν~0.98μν，$p < 0.01$），声母不匹配条件和匹配条件之间也存在显著差异（被试之间的差异范围从 2.25μν~0.01μν，$p < 0.05$）。更重要的是，音节不匹配条件和声母不匹配条件之间的差异边缘显著（被试之间的差异范围是从 2.70μν~-0.11μν，$p < 0.07$），音节不匹配条件和韵母不匹配条件之间差异边缘显著（被试之间的差异范围是从 2.53μν~-0.20μν，$p < 0.09$），音节不匹配条件和声调不匹配条件之间差异边缘显著（被试之间的差异范围是从 2.79μν~-0.32μν，$p < 0.11$）。总体而言，中央顶区的电极显示出分级的 ERP 效应，具体来说，相较于其他部分不

匹配条件，完全不匹配（音节）条件比匹配条件激活了更强的 N400。

两个方差分析的结果都揭示出音节不匹配条件激活了 N400 效应。更有趣的是在中央顶区电极，音节不匹配条件的 N400 波幅比其他三类局部不匹配条件更强烈。

（五）时间窗 300–400ms 分析

四个兴趣区电极方差分析结果显示，条件的主效应不显著（$F(4, 64) = 1.31$，ns）；然而，条件与电极区域的交互作用显著（$F(4, 64) = 3.11, p < 0.05$），进一步分析显示，条件在前后区域有显著差异（前区：$F(4, 64) = 3.11$，$p < 0.05$；后区：$F(4, 64) = 7.24$，$p < 0.001$），后部区域的 ERP 差异大于前部区域。两两比较表明，在这个时间窗音节不匹配条件比匹配条件激活了更大的 N400（被试之间的差异范围是从 $-2.98\mu v$ 到 $-0.22\mu v$，$p < 0.05$）。在这个早期时间窗口中，虽然声母不匹配条件和韵母不匹配条件也引起比匹配条件更多的激活（见图 2.3），但统计上显示效应并不显著。中央电极方差分析的输出结果显示没有效应达到显著。总体而言，研究结果表明 300~400ms 窗口期间，音节不匹配条件比匹配条件诱发更多的 N400 反应，并且效应在脑后部更大。

（六）时间窗 400–500ms 分析

四个兴趣区电极方差分析结果显示，条件的主效应不显著（$F(4, 64) = 1.75$，ns）。条件和区域之间的交互作用边缘显著（$F(4, 64) = 2.13$，$p < 0.09$），条件和脑半球之间的交互作用显著（$F(4, 64) = 2.82$，$p < 0.05$）。进一步的分析显示条件之间在后部脑区存在显著差异（$F(4, 64) = 20.72$，$p < 0.001$），条件之间在前部脑区差异边缘显著（$F(4, 64)= 2.13, p < 0.08$），条件之间在右半球差异边缘显著（$F(4, 64)= 2.19$，$p < 0.08$）。进一步分析发现，条件之间的显著差异是由音节不匹配条件和匹配条件之间的差异所造成的（被试之间的差异范围是从 $-3.05\mu v$ 到 $-0.18\mu v$，$p < 0.05$）。该分析表明在右脑前区和后部区域的 400~500ms

窗口中，音节不匹配条件比匹配条件诱发了更强的 N400，此外，后部区域的效应比前部区域更大。

中央电极方差分析结果显示，条件的主效应边缘显著（$F(4, 64) = 2.37$，$p < 0.06$），条件和电极位置之间的交互作用边缘显著（$F(56, 896) = 1.26$，$p < 0.10$）。进一步分析显示在电极 CZ，C2，C4，CPZ，CP2 和 CP4 条件的主效应显著（CZ：$F(4, 64) = 3.29$，$p < 0.05$；C2：$F(4, 64) = 3.45$，$p < 0.01$；C4：$F(4, 64) = 2.58$，$p < 0.05$；CPZ：$F(4, 64) = 2.66$，$p < 0.05$；CP2：$F(4, 64) = 2.97$，$p < 0.05$；CP4: $F(4, 64) = 3.19$，$p < 0.05$），在电极 CP1，PZ，P4 条件间差异边缘显著（CP1：$F(4, 64) = 2.22$，$p < 0.07$；PZ：$F(4, 64) = 2.35$，$p < 0.06$；P4：$F(4, 64) = 2.12$，$p < 0.08$）。进一步分析发现，与匹配条件相比，音节不匹配条件表现出更强的 N400 反应（被试之间的差异范围从 $-3.68\mu v$~$-0.52\mu v$，$p < 0.01$）；相较于匹配条件，其他三类不匹配条件的 *N*400 差异边缘显著（声母不匹配：被试之间的差异范围从 $-2.25\mu v$~$0.16\mu v$，$p < 0.08$；韵母不匹配：被试之间的差异范围从 $-2.87\mu v$~$0.25\mu v$，$p < 0.09$；声调不匹配：被试之间的差异范围从 $-2.87\mu v$~$0.25\mu v$，$p < 0.09$）。换言之，中央电极分析表明在经典 N400 脑区，所有不匹配条件比匹配条件激活了更强的 N400 效应，音节不匹配水平比其他三种部分不匹配条件引起更强的 N400 效应，且波幅也更大。

总体而言，400~500ms 窗口的结果表明，与匹配条件相比，所有不匹配条件都引起了更强的 N400，但其他三类部分不匹配条件下的 N400 效应远远小于音节不匹配条件下观察到的 N400。

（七）N400 峰值潜伏期分析

虽然 ERP 反应的总平均值显示，N400 的峰值在音节不匹配条件和声母不匹配条件下比韵母不匹配条件和声调不匹配条件的峰值稍早，但在统计上对 N400 峰值潜伏期进行方差分析并没有发现显著影响。

第三节　汉语口语词汇识别模型

本研究采用脑电技术研究了汉语单音节口语词汇识别的时间进程，当被试听到口语词汇，ERP 成分 N1、P2 和 N400 被激活。更重要的是，不同类型的语音不匹配条件造成 N400 的起点和波幅显著不同：音节不匹配条件比其他部分不匹配条件（声母、韵母和声调不匹配条件）诱发更早更强的 N400，然而其他三种部分不匹配条件在 N400 起点和波幅上的表现却没有显著差异。

这些结果为我们在本研究中提出的三个问题提供了解答。首先，该研究为汉语自然语言识别中音节信息的重要性提供了证据。研究结果表明，音节不匹配条件的 N400 出现较早，波幅高于其他三个部分不匹配条件。换句话说，音节不匹配条件在 300~400ms 窗口中引发了比匹配条件下更大的 N400，而另外三个部分不匹配条件在这个早期时间窗中并没有引起比匹配条件更大的 N400 效应。此外，在传统 N400 分布区（中央顶区电极），N400 在音节不匹配条件下的波幅比传统 N400 时间窗（300~500 ms）中其他三个部分不匹配条件下的波幅更高。这些发现表明，听者更早地加工了整个音节结构而不是音段结构，并且对整个音节结构更加敏感。这一发现提示了音节水平意识在汉语单音节口语识别中的重要作用。音节在汉语单音节口语词汇识别中之所以起着特别重要的作用可能是由于汉语的语言结构造成的，因为在汉语中音节总是代表着一个语素，音节和语素的密切关系使汉语听者会更多地去注意并感知音节的整体单元。

中国儿童语音意识的发展轨迹也表明了音节结构的重要作用：音节意识发展较早并且自然而然地出现（Shu, Peng & McBride-Chang, 2008）。更明显的证据表明，没有语音解码训练的中国成年人不能在音素水平上操纵口语词汇，但在音节水平上操纵口语没有出现问题（Read, Zhang, Nie & Ding, 1986）。因此，作为语言的自然单位，特别是与语素的一一对应关系，音节不仅在语言发展中发挥重要的作用，而且在汉语口语识别中也起到了比之前所认为的更为重要的作用。

其次，我们发现声调不匹配条件激活的N400在波幅和起点上与韵母不匹配条件相当。研究结果表明，在400~500ms窗口中，韵母不匹配和声调不匹配条件都倾向于引发比匹配条件更强的N400。这表明词汇激活中声调和韵母的竞争相对平等，声调和韵母扮演着相同的词汇角色。我们的研究结果与其他近期研究结果相一致，表明汉语口语识别中词汇的超音段和音段信息起着相当的作用（Malins &Joanisse, 2010；Schirmer, Tang, Penney, Gunter & Chen, 2005）。这一发现并不令人感到惊讶，因为在汉语口语词汇中超音段信息与音段信息起着相似的重要作用，并且与韵母的时间进程相似。使用词汇声调，就像使用音段信息一样，可以区分汉语口语词汇；声调的时间进程通常漫延到音节元音核，因而在时间上难以将声调和韵母这两个语音单元分离。

最后，我们发现与目标汉语口语词汇共享的语音单元也允许词首相同的词汇和押韵的词汇去进行竞争激活，但词首相同的竞争词和押韵的竞争词之间没有时间进程的差异。在研究中，300~500ms窗口中声母不匹配和韵母不匹配条件比音节不匹配条件引起了较小的N400波幅，这意味着在识别汉语单音节口语词汇时，出现了词首相同词群和押韵词群的竞争效应。这一发现表明汉语单音节口语词汇识别中存在亚音节语音单元的竞争，这也表明听觉系统可以识别汉语口语词汇中较小语音单位的匹配信息，与英语研究的发现相似。

我们研究中一个引人关注的发现是，词首相同的竞争词和押韵竞争词之间的时间进程的激活与英语单音节口语词汇识别非常不同。在传统的N400时间窗口（300~500 ms）中，我们只发现了一个N400成分，而且是在同一时间窗口中分离出的ERP成分波，这与英语的研究发现所报道的几个时间窗口非常不同（Desroches et al., 2009）。在词首相同的竞争词和押韵竞争词这两个条件下，N400 峰值延迟也不能相互区分开来。对 N400 时间窗口内的两个不同时间间隔（300~400ms 和 400~500ms）进行进一步的分析显示，声母不匹配条件和韵母不匹配条件也没有出现显著的差异。这不显著的发现也意味着，针对英语单音节口语词汇识别提出的时间动态学假设可能不适用于汉语单音节口语词汇识别，需要提出不同的假设来解释汉语单音节口语词汇识别的时间动态机制。

总体来说，本次研究结果表明汉语口语词汇识别的时间进程与英语口语词汇识别的时间进程不相同，反映了两种语言之间的语言结构的差异。考虑到本研究中指出的，在汉语口语词汇识别中音节、声调和音段结构的重要性，我们认为有必要对现有的口语词汇识别模型进行修改。第一，现有的一些模型，例如，词首激活模型（Cohort Model）、追踪模型（Trace Model）、临近激活模型（The Neighborhood Activation Model）和备选 / 合并模型（Shortlist/Merge Model）没有考虑到语素音节语言中音节对口语词汇识别所起的特殊作用。第二，现有的模型尚未包含词汇识别中词汇声调检测器。第三，现有的一些模型（如词首激活模型和追踪模型）在解释汉语单音节口语词汇识别的词首相同竞争词和押韵竞争词之间的竞争模式时面临困难。

根据研究结果，我们提出了一个新的假设去解释汉语单音节口语词汇的识别：汉语单音节口语词汇的计算是基于音节的整体相似性，而不是基于音素的片段。整体相似的计算思想是指只有一个音韵特征不同的词（如发声时间）或一个音韵单位不同的词（如声母、韵母或声调）都可以出现激活竞争。这个假设支持了临近激活模型，因为临近激活模型仅仅提出了在音素水平上会出现竞争，该假设扩充了临近激活模型，提出不同音韵单位竞争的思想。

我们还提出，可以参考本研究的结论对追踪模型进行修订，增加“声调”节点和音节语素节点。“声调”节点和音素节点处于同等水平，但和音素节点是分离的，这与 Ye 和 Connine（1999）提出的节点抑制相一致。此外，模型需要再增加另一个水平，即在声调和音节水平上的音节语素节点。因此，本研究提出的修订模型将是一个四层结构：特征，音素 / 声调，语素，词（从最低到最高，参见图 2.4）。在追踪模型中，兴奋性连接存在于层次之间，抑制性连接存在于层次之内，反馈连接由上面的一级到较低的一级。

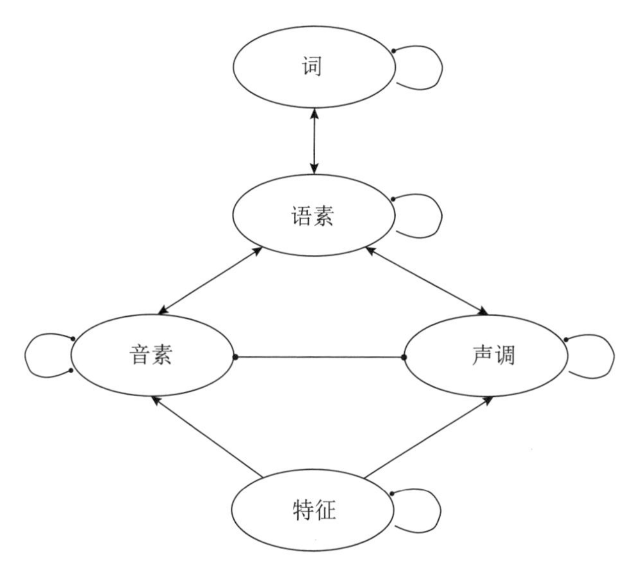

图 2.4　层间双向箭头表示交互前馈和反馈的兴奋性连接；两端带点的线代表水平内的横向抑制连接

此外，本研究中我们使用的图片 / 口语词汇 / 图片范式也给追踪模型和备选 / 合并模型之间已有的争议提供了一些证据。研究的 ERP 结果表明，在内隐的非注意任务条件下听到了口语词汇，被试不需要在这个加工口语词汇的过程中做出反应和决策，但脑电波的结果提示即使没有决策，词汇竞争仍然是存在的。这个发现表明，自上而下的词汇预期对口语词汇识别的影响是在语言展开的同时发生的，并不是在词汇加工的后期（在词汇处理之后），这支持了追踪模型的观点，反驳了备选/合并模型的观点。

然而，我们必须承认内隐匹配任务可能会影响我们对口语词汇加工时间动态过程的检测，因为被试不必将口语词汇分割成音素去完成任务。进一步的研究采用如 Desroches（2009）等人开发的视觉图片/口语词汇匹配任务去进一步评估本研究的假设将会非常有价值。

参考文献

Allopenna, P. D., Magnuson, J. S. & Tanenhaus, M. K. 1998. Tracking the time course of spoken word recognition using eye movements: Evidence for continuous mapping models. *Journal of Memory and Language*, 38, 419–439.

Crowley, K. E. & Colrain, I. M. （2004）. A review of the evidence for P2 being an independent component process: Age, sleep and modality. *Clinical Neurophysiology*, 115, 732–744.

Desroches, A. S., Newman, R. L. & Joanisse, M. F. （2009）. Investigating the time course of spoken word recognition: Electrophysiological evidence for the influences of phonological similarity. *Journal of Cognitive Neuroscience*, 21, 1893–1906.

Kutas, M. & Hillyard, S. A. （1984）. Brain potentials during reading reflect word expectancy and semantic association. *Nature*, 307, 161–163.

Liu, Y. N., Shu, H. & Wei, J. H. （2006）. Spoken word recognition in context: Evidence from Chinese ERP analyses. *Brain and Language*, 96, 37–48.

Luce, P. A. & Pisoni, D. B. （1998）. Recognizing spoken words: The neighborhood activation model. *Ear and Hearing*, 19, 1–36.

Magnuson, J. S., Tanenhaus, M. K., Aslin, R. N. & Dahan, D. （2003）. The time course of spoken word learning and recognition: Studies with artificial lexicons. *Journal of Experimental Psychology: General*, 132, 202–227.

Malins, J. G. & Joanisse, M. F. （2010）. The roles of tonal and segmental information in Mandarin spoken word recognition: An eyetracking study. *Journal of Memory and Language*, 62, 407–420.

Marslen-Wilson, W. & Tyler, L. K. (1980). The temporal structure of spoken language understanding. *Cognition*, 8, 1–71.

McClelland, J. L. & Elman, J. L. (1986). The TRACE model of speech perception. *Cognitive Psychology*, 18, 1–86.

Naatanen, R. & Picton, T. (1987). The N1 wave of the human electric and magnetic response to sound: a review and an analysis of the component structure. *Psychophysiology*, 24, 375–425.

Norris, D. & McQueen, J. M. (2008). Shortlist B: A Bayesian model of continuous speech recognition. *Psychological Review*, 115, 357–395.

Norris, D., McQueen, J. M. & Cutler, A. (2000). Merging information in speech recognition: Feedback is never necessary. *Behavioral and Brain Sciences*, 23, 299–370.

Read, C., Zhang, Y., Nie, H. & Ding, B. (1986). The ability to manipulate speech sounds depends on knowing alphabetic writing. *Cognition*, 24, 31–44.

Schirmer, A., Tang, S. L., Penney, T. B., Gunter, T. C. & Chen, H. C. (2005). Brain responses to segmentally and tonally induced semantic violations in Cantonese. *Journal of Cognitive Neuroscience*, 17, 1–12.

Shu, H., Peng, H. & McBride-Chang, C. (2008). Phonological awareness in young Chinese children. *Developmental Science*, 11, 171–181.

Van Petten, C., Coulson, S., Rubin, S., Plante, E. & Parks, M. (1999). Time course of word identification and semantic integration in spoken language. *Journal of Experimental Psychology: Learning Memory and Cognition*, 25, 394–417.

Ye, Y. & Connine, C. M. (1999). Processing spoken Chinese: The role of tone information. *Language and Cognitive Processes*, 14, 609–630.

Zhao, J., Guo, J., Zhou, F. & Shu, H. (2011). Time course of Chinese monosyllabic spoken word recognition: Evidence from ERP analyses. *Neuropsychologia*, 49 (7), 1761-1770.

| 第二部分 |

阅读学习

阅读学习这一部分主要介绍我在美国攻读博士学位期间的一些研究成果。我博士就读期间的第一个课题使用适应性学习范式考察了汉语被试在学习汉字时的行为和神经模式，并探讨了其与英语学习的异同。我的博士导师预期我会在汉语中发现和英语一样的结果，即语音学习和语义学习使用不同的大脑神经系统，具有不同的神经分工。但是，事实上，我发现在汉字学习过程中，汉语被试进行语音学习和语义学习使用了同样的大脑神经系统，也就是说汉字的语音学习和语义学习在大脑的神经分工上是没有差异的。在科学研究领域，没有差异就意味着是负性结果，负性结果的发表通常是非常困难的，但我一直相信我的结果和研究发现，在我的坚持下，最终我把这项研究发表在了 *Cortex*（53, 90–106）上。这个研究让我深刻体会到了发表负性研究结果的困难和作为一个年轻学者挑战主流研究思想的压力，但也是这个艰难的过程，让我明白了在科学研究中坚持的重要性，只要你认为对的研究发现，就一定要坚持不断地投稿，直至将其发表出去。

受此研究启发，两年后，我独立设计了一个新的人工字形学习范式，考察了英语被试在学习汉字时的行为模式，不同的是我通过巧妙的实验设计，考察了语音学习和语义学习的交互影响，从而成功解决了一直萦绕在我博士导师心头的理论问题，即阅读学习存在语音学习和语义学习的协作学习机制，该项研究于 2018 年发表在 *Scientific Studies of Reading* [22（3），191–208]。这项博士论文的研究于我最大的收获是心理学研究方法和理论思维的训练。同时，我更加深刻地领悟了美国博士训练的精髓以及他们授予一个人博士学位的标准，他们希望一个博士研究生能够通过博士期间的科研训练，产生出原创的研究思想，解决真正重要的科学问题。经过美国博士教育的洗礼之后，我也更深刻地理解了如何去做真正的研究，明白了在一个领域开展研究工作的系统性和传承性的重要作用。

既然正常人在学习文字阅读的过程中包含语音和语义的相互影响和协作学习，那么阅读学习困难的儿童（发展性阅读障碍）的困难根源是否也与语音和语义的交互有关呢？

这两项研究的研究结果促使我更深入地思考汉语发展性阅读障碍由语音问题和语义问题的严重性不同而划分的几种不同亚类型（语音阅读障碍、表层阅读障碍和深层阅读障碍）之间的关系及每种亚类型在汉语发展性阅读障碍儿童中的比例。来到西安后，我带领我的研究生沿着这一方向也开展了相关的研究。

第三章　汉字阅读学习的神经分工研究

2007 年初到美国，我即跟随我的博士生导师 Jay Rueckl 进入阅读学习的领域。起初我对这个领域很陌生，因为我之前的研究工作主要集中在语音研究领域，对阅读学习的相关研究知之甚少。用了几乎一年的时间，我慢慢理解了他所关注的阅读学习中语音和语义分工协作学习的价值和对整个阅读研究领域的意义。两年后，在他的帮助下我完成了第一项阅读学习的神经分工的研究工作，所使用的研究范式借鉴了美国 Haskins 实验室在英语阅读学习中使用的适应性学习范式。本章内容即介绍这项研究，内容分为三节：第一节简述阅读的神经分工网络；第二节介绍我所完成的汉字阅读学习神经分工的实证研究；第三节讨论汉字阅读中语音和语义的协作分工。

第一节　阅读的神经分工网络

现有证据表明，对于熟练的阅读者，词汇阅读涉及主要分布于左脑语言区的阅读网络，包括额下回、颞上回、颞下回、颞中回、顶上回、顶下回和梭状回等区域（Cattinelli, Borghese, Gallucci & Paulesu, 2013; Pugh et al., 2000; Taylor, Rastle & Davis, 2013）。这些皮层区域负责不同的功能，包括正字法加工、语音和词汇—语义加工。这些皮层区域对于不同书写系统其功能特征会产生系统的变化，例如，Paulesu 等人（2001，2002）发现，意大利语（字母与语音间的映射明显，正字法规则）阅读者比英语阅读者在左侧颞下回（语音加工区域）表现出更多的激活。相反，英语（字母与语音间有多种映射关系，正字法相对不规则）阅读者比意大利语阅读者在左侧颞下回后部与额下回前部（词汇—语义加工区域）有更多激活。换句话说，对于不同文字系统的阅读，虽然使用共同的阅读网络，其各部分的神经分工模式是不同的，是基于具体的正字法特征而定的（Seidenberg，1992）。

拼写到语音的映射结构的差异在拼音文字和中文之间特别显著（中文从拼写到声音的映射是基于音节的，没有音位到字符的对应）。另外，中文与拼音文字从拼写到语义的映射统计结构同样有较大差异。中文作为世界上最古老的书写系统之一，通常被描述为一种表意或带有复杂正字法的书写系统。然而，中文字符实际上只有一小部分是表意文字，大部分的现代中文字符是形声字，即语义—发音组合，一部分代表发音，另一部分代表其大致意思。例如，“湖”包括了声旁“胡”和形旁“氵”。中文规则一致的形声字有39%与其声旁发音完全相同，26%与其声旁发音近似，这是由Shu等人（2003）从中国小学语文教材中的2570个中文字符中评估而得到的。同样的，大部分形声字的意义（88%）与其形旁的意义有明显关系（58%）或半明显关系（30%）。因此，中文的形声字不是绝对的表意，而是在书写、发音与意义上都有一定规则的对应关系（尽管不是完全可预测的）。

换句话说，尽管中文与拼音文字在书写形式上有非常明显的差异，这些差异也同样存在于形—音与形—义映射的统计特征上。中文书写系统与拼音文字书写系统的统计特征可能在两个重要的方面存在差异。一方面，拼音文字的形—音映射比中文更加系统化。在拼音文字系统中，一个字母可以对应一个发音。尽管英语在字母系统中有些例外，但是英语中的字母或字母组合仍然大致可以与语音或语音组合对应。相反，在中文中，尽管声旁可以提供字符发音的线索，声旁的发音对应于音节（即整个汉字的读音，而非音位）。因此，一个中文字符发音的计算在本质上不是与拼音文字相同的字母到音位映射的过程，而是从字形到音节语音的直接通达过程。另外，尽管有大约三分之二的形声字与它们的声旁有相同或大致相同的发音，但是这与拼音文字也构成了很大差异，总的来说，中文中正字法与语音的关系比拼音文字更加不规则。另一方面，中文的形—义映射比字母系统更加系统化。中文形声字的形旁可以定义汉字的语义类别并帮助字形到语义的计算。相反，拼音文字很少像中文一样通过把字符分成不同的语义类别来表征语义信息。尽管英语中有一些词包含了语义的成分（如英语中以 s 和 ed 结尾的单词），但是它们也是通过语音编码的，不存在形—义映射。换句话说，中文的形义对应比字母系统规则。因此，中文书写系统对比拼音文字系统表现了相对更对称的形—音与形—义映射统计结构。拼音文字系统在这两种映射中则表现得非常不对称，包括了高度一致的形—音映射和随意的形—义映射。

中文与拼音文字统计结构的差异暗示语音与语义的神经分工可能在中文与拼音文字阅读者之间也存在差异。研究发现中文阅读者相对于拼音文字阅读者更多依靠语义。例如，与拼音文字相比，中文字符不规则的拼写—发音映射可能造成中文的字形到语音映射计算效率降低，而中文字符拼写—语义映射的一致可能造成更有效的字形到语义的计算，因此，语义在中文字符命名中的作用比在拼音文字词汇命名中更大（Harm & Seidenberg, 2004；Seidenberg, 2011；Frost, 2012）。事实上，现有的行为研究已经证实了这个假设，并且已经表明正字法浅显规则的文字（如意大利语）在熟练的阅读中表现出微不足道的语义影响（Barca, Burani & Arduin, 2002; Bates, Burani, D’Amico & Barca，2001），只有在英语一类的正字法深且不规则的文字阅读中，语义的影响才会在出声命名低频不规则词汇中发挥作用（Shibahara, Zorzi, Hill, Wydell & Butterworth, 2003; Strain, Patterson & Seidenberg, 1995）。这一发现同样在计算模型（Harm & Seidenberg, 2004; Plaut, McClelland, Seidenberg & Patterson, 1996）

和神经影像（Frost et al., 2005; Graves, Desai, Humphries, Seidenberg & Binder, 2010）的研究中被证实。

相反，针对 2423 个中文字符命名反应的大语料库分析表明，语义变量似乎在所有中文字符的出声阅读中起重要作用（Liu, Shu & Li, 2007）。Yang 等人随后用联结主义模型为语义对不同类型的汉字命名提供了量化证据（Yang, Shu, McCandliss & Zevin, 2012）。该研究通过损伤命名模型的语义和语音单元来明确不同类型汉字阅读中的语义和语音效应，研究发现语义不仅在命名不规则—不一致汉字中发挥作用，而且在命名规则——一致汉字中发挥同样的贡献。该研究还直接比较了语义与语音对命名中文和英文文字的影响，结果发现两种不同书写系统差异很大：在阅读规则——一致的文字时，语义在英文阅读中表现出相对少的影响，但在中文阅读中表现出较大的影响；在阅读不规则—不一致文字时，语义在英文中表现出一定的影响，但比语音的影响少，并且效应远远小于中文。

总之，先前的研究一致认为，语义在字母系统中的影响有限，并且仅在相对复杂的正字法系统（如英文）中影响词汇命名。然而在阅读如中文等非字母系统文字时，语义在命名所有类型的中文字符中都发挥了重要作用。因此，研究中文阅读，尤其是规则——一致词阅读，能够提供一种研究语音与语义在阅读中文时的分工是否与英文不同的重要方法。尽管现有的行为与计算模型已经研究过这个问题，并且认为两种语言的分工不同，但是很少有研究在神经水平上探究这个问题。

本研究的目标是提供中文阅读者语音语义分工的神经影像学证据。我们采用 Sandak 等人（2004）开发的适应性学习范式，该范式提供了很好的测量英文阅读者形—音和形—义加工神经环路的指标。通过应用该范式和先前研究英文阅读的扫描参数，本研究的结果可以让我们比较中文阅读与英文阅读的分工差异。在本研究的中文适应性学习实验中，母语为普通话的被试首先在功能磁共振扫描仪外进行规则——一致发音的低频汉字语音和语义的训练，其中一半汉字在训练中强调注意语音，另一半汉字强调注意语义。训练后，被试立即在功能磁共振成像中对训练过和未训练过的表音文字进行出声命名。该范式能让我们通过比较训练与未训练的汉字，考察与汉字命名相关的神经活动如何受训练的影响，更重要的是，该范式还能让我们比较语音和语义训练的差异。

第二节　汉字阅读学习的实证研究

一、被试

18 名右利手的普通话母语者（7 名男性和 11 名女性）知情同意之后，参加了这项 fMRI 研究。被试的年龄范围是 19~27 岁，平均年龄是 22.8 岁。所有被试都是北师大的本科生或研究生，均没有神经疾病或者阅读损伤史。所有的实验协议都是经过北京师范大学认知神经与学习国家重点实验室批准的。

由于 fMRI 扫描期间无法获取行为命名的数据，因此后续又从北京师范大学的本科生与硕士生中单独招募了 37 名右利手被试（13 名男性和 24 名女性，19~28 岁，平均年龄 22.1 岁），来收集不在仪器里面时命名任务的反应时与正确率。所有被试均为普通话母语者，无神经疾病或者阅读损伤。对这批被试的训练是相同的，但是，并未采集他们的脑影像数据而是收集了他们形声字命名的反应时与正确率。

二、实验材料

根据《现代汉语频率词典》（Wang，1986），我们的适应性学习范式中的关键项目共包括 126 个中文低频形声字，频率范围从 1 到 30 次 / 百万（平均频率 = 10.99）。所有关键的形声字都是语义透明的规则一致形声字，其一致性的比例从 0.5 到 1，平均为 0.91（Liu，Shu, et al.，2007）。对于发音规律的形声字来说，一个形声字的读音与声旁发音的声调差异由于刺激数量有限而没有被控制，但每个形声字与其声旁拥有相同的声母和韵母。所有形声字在语义上都是透明的，语义上有明确的含义。

为了平衡实验，关键的形声字被分成三部分，每部分 42 个条目。三组材料在频率（*M* = 10.78, 11.74, 10.46）与标准差（*SD* = 7.24, 8.99, 7.30）上是匹配的，在一致性（*M* = 0.92, 0.90, 0.90, *SD* = 0.15, 0.14, 0.13）、笔画数（*M* = 11,12, 11, *SD* = 3, 3, 3）、声旁的频率（*M*= 629, 596, 606, *SD* = 856, 923, 825）以及那些与声旁的声调不同的汉字个数（13, 12, 12）也都是匹配的。每组材料被随机分配到语音训练、语义训练和不训练的被试中。

为了构建训练任务的材料，每个目标形声字（例如，筏 /fa2/）搭配三种不同的高频字：语音相关（例如，乏 /fa2/），语义相关（例如，舟 / zhou1 /），和语音与语义无关的字（例如，斗 / dou4 /）。语音相关汉字与目标字发音相同，语义相关汉字与目标字语义相同与否由北师大未参加实验的学生通过 7 点量表评估（1= 非常不相关，7= 非常相关）。语义相关和无关汉字的语义相关性平均值分别为 5.82 （*SD* =0.72） 和 1.54 （*SD*= .33）。

除了 126 个规则一致的形声字，在命名任务期间刺激的呈现还包括 42 个低频、语义透明、规则不一致的形声字。平均一致性的比例是 0.23（*SD* = 0.39）。它们与关键形声字在频率（*M* = 11.97, *SD*= 5.83）和笔画数（*M* = 11, *SD* = 4）上是匹配的。这些不规则不一致的形声字在本文主要基于以下两个目的：（a）在命名任务中平衡训练和未训练项目的数量，（b）允许我们研究汉语语音一致性的神经效应，通过与规则一致的汉字的影像结果进行对比来验证该 fMRI 实验的信度（Lee et al., 2004; Tan, Feng, Fox & Gao, 2001）。

最后，为了直接比较汉字阅读过程中语音和语义加工下的神经环路，被试完成命名任务之后，还要做一套新的形声字同音判断和语义联想判断任务。刺激包含 72 个低频规则一致的形声字。频率与笔画的平均值分别为 21.72（*SD* =14.64）和 11（*SD*= 3）。一半刺激进行同音判断，另一半刺激进行语义判断，并且在被试间平衡所有材料。与训练任务相同，目标形声字与一个高频汉字进行配对比较反应，每个任务的一半试次需要被试做出“是”的回答。

三、实验程序

实验分两部分进行：行为训练和 fMRI 扫描。在行为训练期间，通过不同训练任务下的重复呈现使被试注意低频形声字的不同特点，一半被试在训练过程中强调关注语音，另一半强调关注语义。行为训练结束之后，在 fMRI 中考察训练效应，被试需要大声命名训练过的形声字以及未被训练的形声字。命名任务结束后，在 fMRI 中要求被试继续对一些新的形声字做语音和语义的判断。所有程序都用 windowsXP 系统与 Eprime1.1 软件进行刺激的呈现与反应数据的收集。

（一）行为训练

每个被试进行两组有反馈的形声字训练，通过将目标项与比较项的对比做出同音判断（例如，“‘筏’听起来与‘乏’相同吗？”前者为目标项，后者为比较项）。在语义条件下，被试回答目标项与比较项是否语义相关（例如，“‘鞍’与‘马’意思相关吗？”前者为目标项，后者为比较项）。

在每个试次中目标项与比较项都呈现在屏幕中间。被试通过按键反应判断目标项与比较项是否相同。项目呈现在电脑上直到被试做出反应或者 2000ms 之后自动消失，刺激间隔为 2000ms。在训练期间，给予反馈（正确或错误）以鼓励被试注意目标特征。每个被试训练 16 个模块，每种训练条件 8 个模块。训练以每 4 个模块为一组在语音和语义之间交替进行，初始训练条件在所有被试中进行平衡。每个形声字在每个模块中只呈现一次，在整个训练中重复 8 次。每个模块随机呈现。每种条件下，“是”“否”反应在所有的模块中的数量是相同的。训练时间大约 2 小时，记录行为训练的反应时和正确率。

（二）fMRI 部分

训练结束后，被试在事件相关的 fMRI 设计中进行命名任务，该设计中，被试命名语音和语义训练过的规则一致形声字以及未训练的规则一致与不规则不一致的形声字。我们采用事件相关设计，交错采集的实验持续时间为 4、5、6、7s，目标刺激呈现为 1000 ms。数据从 7 个功能序列中收集，每个序列包含 24 个项目。创建 3 个不同的伪随机的刺激呈现顺序。由于扫描环境的限制，我们无法从 fMRI 扫描过程中获得这一组被试的行为命名任务的结果。

完成命名任务之后，被试继续在 FMRI 中，参加语音判断和语义判断与基线条件交替的组块设计扫描，该基线条件由线段方向判断组成，其中被试判断两组线是否具有相同的左/右模式(例如，/ / \ 和 / \ / 是否相同？)。语音和语义判断任务与训练期间使用的任务相同，但没有反应反馈，并使用一组新的刺激。

任务判断的影像数据从 3 个 fMRI 功能序列中收集。每个功能序列包含 4 个 22s 的组块（两个语音的，两个语义的）和 3 个 22s 的基线（线段判断）组块。每个组块包含 6 个试次，在任务指示前面加上一个 4000ms 的字母提示，以指示即将到来的任务（英语字母“S”被用作同音字判断的提示；“M”用于语义关联判断的提示；“L”为线条方向判断的提示）。每个试次的比较对呈现 1500ms。在 fMRI 扫描期间记录判断任务的行为反应（反应时和正确率）。

四、影像采集

功能像在北京师范大学脑研究影像中心的 3T 西门子影像系统中采

集。在采集功能像之前，采集32个轴向倾斜的结构解剖图像（回波时间：2.47ms；重复时间：300ms；视野域：220mm^2；4mm的连续切片；矩阵：256×256×2）和矢状定位图像（回波：6.83ms；重复时间：20ms；视野域：240/256mm^2；4mm的连续切片；矩阵：240×256×1）。单次，梯度回波，EPI序列（翻转角80°；回波时间：30ms；重复时间：2000ms；视野域：220mm^2；4mm厚的连续切片；矩阵大小：64×64×1）用于获取与轴向倾斜解剖图像相同切片位置的功能图像。每个功能序列包含90个图像。获取功能图像后，采集高分辨率全脑解剖像（翻转角：7度；回波时间：3.66ms；重复时间：2530ms；视野域：256mm^2；1mm厚的连续切片；矩阵大小：256×256×1）。整个扫描大约需要40分钟。

五、影像分析

数据的预处理和统计分析使用自制的MATLAB（Math-Works, Natick, MA）程序完成。由于图像不稳定，删除每个功能序列的前5个图像。首先对功能图像进行正弦插值，以校正切片采集时间，对头动进行校正（Friston et al., 1995），然后用宽度为3.125 mm的半高宽滤波器进行高斯空间平滑。对于每个被试，使用Bio-ImageSuite（Papademetris, Jackowski, Schultz, Staib & Duncan, 2003; www.bioimagesuite.org），将被试的T1解剖像与MNI标准空间“Colin”脑（available at www.bic.mni.mcgill.ca）进行配准，仿射变换均在单个被试的激活图谱上进行。

对于单个被试的事件相关分析，使用基于回归的方法直接估计每个体素在每个试次上的血液动力学反应（Miezin, Maccotta, Ollinger, Petersen & Buckner, 2000）。时间过程估计从试验开始的5s~15s，每隔1s进行。根据激活期（实验开始后4~8s）相对于基线期（在实验开始之前0~3s）的这些时间过程估计值差值的回归估计，创建对于每个任务条件的诱发反应的激活图。对于组块设计的分析，使用线性回归来生成实验和基线条件之间的平均信号差异的对比图像。对比图中的每个体素用单样本 t 检验，实施重复测量的方差分析（ANOVA; Holmes & Friston, 1998; Woods, 1996）。

六、结果

（一）行为训练测试

被试在扫描仪外的行为训练的反应时和正确率的平均值见图 3.1。反应时和正确率分别作为 $2\times8\times2\times3$（训练条件 × 重复次数 × 区块的顺序 × 刺激分组）的重复测量方差分析的因变量，训练条件与重复次数作为被试内变量，区块顺序与刺激分组作为被试间变量。因为区块顺序与刺激分组在被试间平衡过了，因此对两个因素间的交互作用不进行报告。在反应时上，训练条件的主效应 [$F(1,12)=10.985, p<0.01$] 和重复次数的主效应 [$F(7,84)=20.009, p<0.001$] 显著，在语音和语义训练条件下，反应时随重复次数有显著的下降，语义训练条件的反应时比语音训练条件的反应时快得多。配对样本 t 检验发现前三个刺激呈现没有反应时的差异，语义条件下的反应时短于语音条件是从第四个刺激呈现开始 [$t(17)=3.019, p<0.01$]，一直持续到训练结束 [$t(17)=3.941, p<0.01$]。对正确率而言，只有重复次数的主效应显著 [$F(7,84)=10.487, p<0.001$]，说明两种训练条件下被试的正确率都增加。训练条件与重复次数在反应时与正确率上均没有交互作用。总之，从训练任务的行为表现来看，两个训练任务都是成功的。

（二）命名任务的行为反应

命名延迟小于 200ms 和大于 1750ms 的反应作为异常值被删除（占所有反应的 2.8%）。由于命名错误、麦克风故障和命名时间异常，一名男性被试的数据被删除。其余的 36 名被试在语音训练的规则一致形声字，语义训练的规则一致形声字以及未经训练的规则一致形声字的命名反应时和正确率的平均值如图 3.2 所示。重复测量的方差分析显示在命名反应时上训练的主效应

显著 [F（2,70）= 54.250, p <0.001]。事后检验显示规则一致形声字的语音和语义训练相对于未训练的规则一致形声字反应时更快 [语音 vs 未训练：t（35）= −9.170, p <0.001 和 语义 vs 未训练：t（35）=−7.731, p <0.001]，说明语音和语义训练都会加快形声字的命名速度。语音和语义训练的规则一致形声字之间的命名反应时未见差异，表明语音和语义的训练产生了相同的训练效应。规则一致形声字命名的正确率在所有条件下都很高，语音训练的规则一致形声字的正确率比其他两类规则一致形声字稍高，条件间无显著差异。

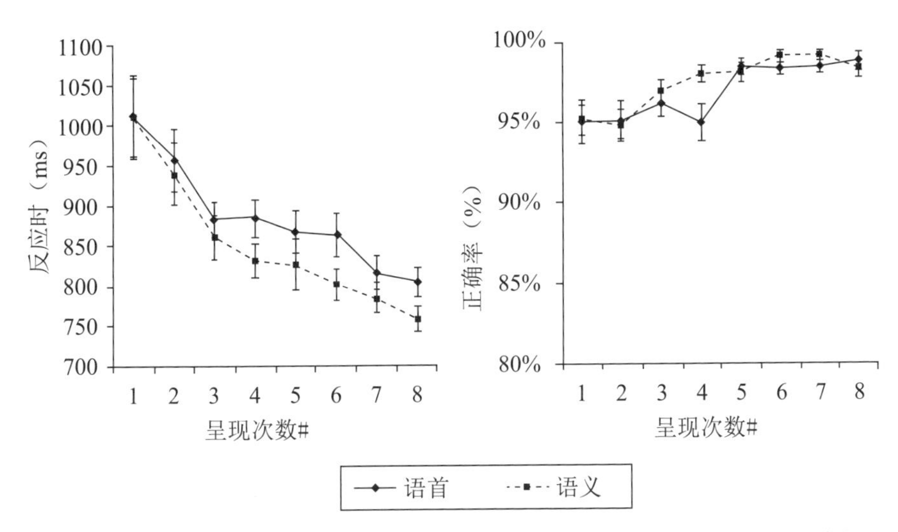

图 3.1　语音和语义训练条件的反应时（RT）和正确率随训练呈现次数的变化

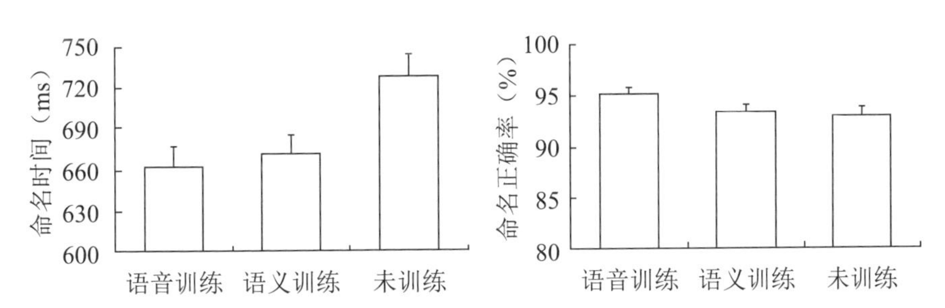

图 3.2　语音训练、语义训练和没有经过训练的规则一致形声字的命名反应时）和正确率

（三）命名任务脑影像结果

为了检查语音和语义训练对大脑活动是否有不同的影响，我们直接比较了语音训练和语义训练的形声字在命名时的脑激活图差异（图 3.3A 和表 3.1）。语义训练的形声字相对于语音训练的形声字只在左脑布洛卡 47 区额下回的下部激活得更少（图 3.3A 的黄 / 红色区域）。图 3.4A 呈现的是被试出声命名语音训练、语义训练和未经训练的形声字时在左脑额下回（LH IFG）所有体素的激活情况，表明语义训练的形声字比语音训练的形声字在该区域出现更多的神经促进作用。除了左脑额下回的下部，左脑没有其他重要的阅读神经系统在两种训练中表现出差异。一些阅读网络之外的区域在语音训练中激活较少，包括左脑后扣带回、右脑扣带回、右脑额上回与额中回（图 3.3A 蓝 / 紫色区域）。

有意思的是，当语音和语音训练的规则一致形声字合并到一起与未经训练的规则一致形声字进行对比，就出现了许多差异（图 3.3B 与表 3.1）。更重要的是，训练的形声字与未训练的形声字（图 3.3B 蓝 / 紫色区域）相比，出现双侧语言发音区激活的降低，包括左脑脑岛、额下回和右脑额下回。这些区域的激活降低表明神经训练的促进效应。此外，训练的形声字相比未训练的（图 3.3B 黄 / 红色区域）在双侧顶下小叶激活更多。图 3.4 B~E 呈现了被试出声命名语音训练的、语义训练的和未经训练的形声字时在左侧脑岛（LH insula）、右侧额下回（RH IFG）、左侧顶下小叶（LH IPL）、右侧顶下小叶（RH IPL）四个脑区的所有体素的平均激活程度。

表 3.1　训练的神经影像效应。特异性训练效应：直接比较语音训练和语义训练的规则一致形声字；一般性训练效应：直接比较训练过（语音和语义训练条件合并）和未训练的形声字

脑区	*BA* 分区	峰值坐标			团块体积（mm^3）	*p* 值（激活峰值）
		x	*y*	*z*		
语义训练 < 语音训练						
左额下回	47	−26	34	−6	528	0.0006
语音训练 < 语义训练						
右额内侧回	32	22	6	51	2824	0.0001
左后扣带回	23	−4	−32	22	1472	0.0004
右扣带回	24	6	−18	44	1296	0.0001
右额上回	9	22	48	42	960	0.0002
右扣带回	24	8	−2	34	832	0.0002
右小脑	35	20	−36	−44	320	0.0006
左小脑	19	−18	−64	−42	248	0.0018
左小脑	19	−24	−70	−46	240	0.0031
左丘脑	-	−16	−26	16	216	0.0024
左额上回	6	−16	0	74	216	0.0014
训练 < 未训练						
右额下回	45	46	22	8	656	0.0008
左脑岛	13	−42	16	2	312	0.0034
训练 > 未训练						
右顶下小叶	19	44	−72	42	2288	<0.0001
左顶下小叶	19	−42	−76	42	2240	0.0010
左壳核	-	−10	4	−8	640	0.0007
左楔叶	7	−8	−68	32	632	0.0033
右舌回	18	4	−72	−1	448	0.0049
左小脑	37	−32	−48	−44	432	0.0007
左额上回	6	−34	12	60	432	0.0016
右额内侧回	6	14	−16	56	352	0.0007
右额内侧回	10	20	60	6	296	0.0038

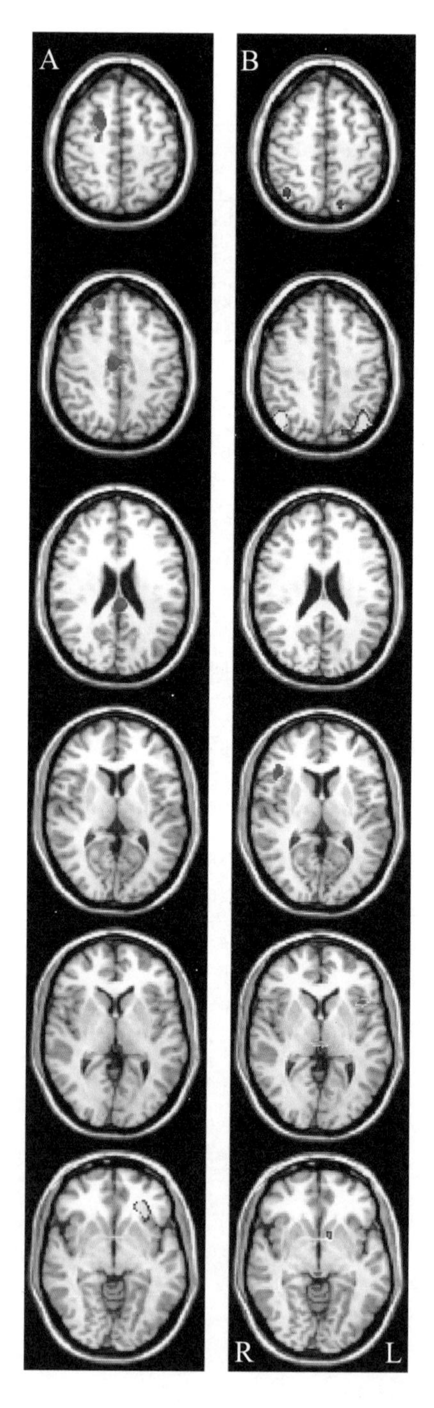

图 3.3 （A）语义训练的形声字比语音训练的形声字激活更少的脑区（黄/红）和语音训练的形声字比语义训练的形声字激活更少的脑区（蓝/紫）；（B）训练过的形声字比未训练的形声字激活更少的脑区（蓝/紫）和训练过的形声字比未训练的形声字激活更多的脑区（黄/红）。激活阈限 p <0.01, FDR 校正。图像自上而下在 MNI 空间的 z 坐标分别为：+52, +42, +22, +8, +2, -6, 图像的右侧为左脑。

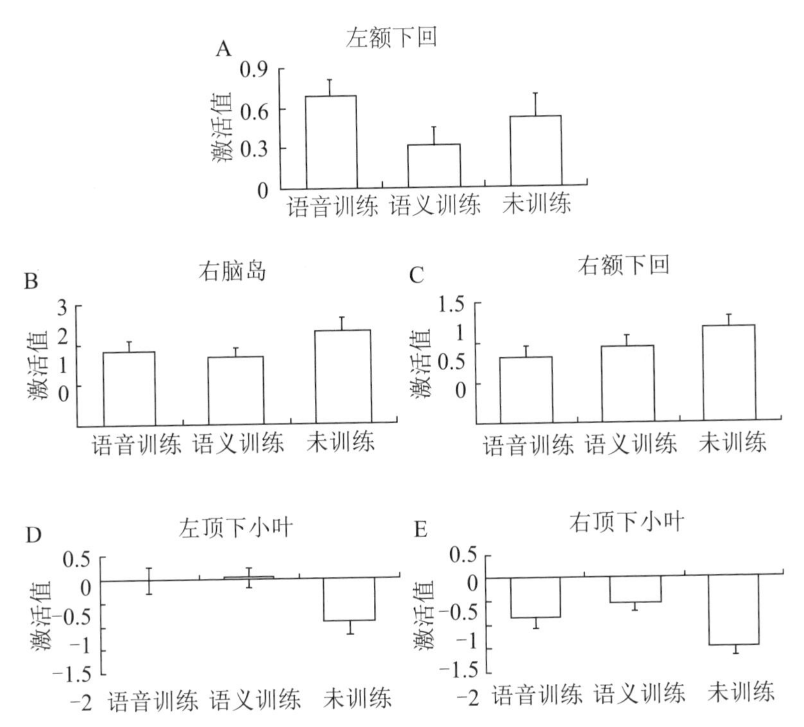

图 3.4　命名语音训练、语义训练和未经训练的规则一致形声字在出现特异性训练效应和一般性训练效应的脑区的激活值

（四）规则一致性效应

命名反应时与正确率证实了规则一致性效应。对未经训练的不规则不一致的形声字命名反应时 [770 ms（SD = 109），t(35) = −6.058, p < 0.001] 和正确率 [87%（SD = 7%），t(35) = 4.310, p <0.001] 比未经训练的规则一致形声字均显著降低。

两种类型的形声字之间的对比发现了许多脑区的差异。不规则不一致的形声字比规则一致的形声字在左脑额下回 / 额中回、梭状回、颞中回、顶上回延伸到楔前叶、顶下回、缘上回（图 3.5 和表 3.2）激活更高。但是，没有发现规则一致形声字的激活区域高于不规则不一致的形声字。目前数

据中左脑额下回 / 额中回、梭状回、顶上、顶下和颞上回的激活模式与之前研究汉语形声字一致性效应的结果类似（Lee et al., 2004）。然而，我们也发现 Lee 等人（2004）没有发现的不规则不一致的形声字在左脑颞中回的激活要高于规则一致的形声字，这通常被视为视觉词汇识别涉及语音过程和语义过程的协同交互作用的结果，当语音计算困难时，语义过程有更多的参与（Frost et al., 2005; Graves et al., 2010）。

表 3.2　规则一致性的脑激活区域：直接比较不规则不一致形声字和规则一致形声字的命名

脑区	*BA* 分区	峰值坐标 *x*	峰值坐标 *y*	峰值坐标 *z*	团块体积（mm3）	*p* 值（激活峰值）
不规则—不一致 > 规则——致						
左额下回	9	−56	14	30	13296	<0.0001
右小脑	37	38	−70	−48	5216	0.0002
左顶上小叶	7	−30	−56	50	4928	0.0001
左梭状回	19	−52	−72	−12	4248	0.0003
左扣带回	8	−8	16	56	1448	0.0001
右小脑	19	34	−82	−21	1120	0.0004
左额内侧回	6	−32	−4	62	720	0.0005
左额内侧回	6	−20	−4	52	472	0.0007
右额下回	47	34	26	−2	312	0.0014

（五）判断任务

语音判断任务、语义判断任务和线条方向判断任务的平均反应时分别为 951（132）ms，950（134）ms 和 1155（120）ms。语音判断任务、语义判断任务和线条方向判断任务的平均准确率分别为 0.95(0.1)，0.93(0.1) 和 0.88（0.1）。重复测量方差分析揭示反应时 [$F(2,34) = 38.223$, $p<0.001$] 和正确率 [$F(2,34) = 10.405$, $p<0.001$] 存在显著的任务主效应。事后 *t* 检验揭示语音任务与线条方向判断任务，以及语义任务与

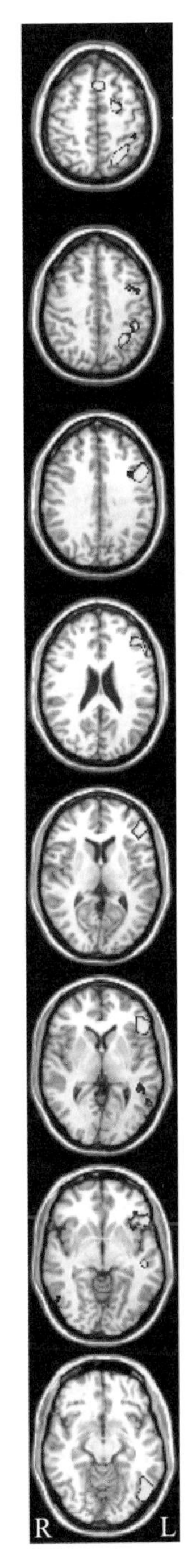

图 3.5　未训练的不规则不一致形声字比未训练的规则一致形声字激活更多的脑区。激活阈限 p <0.01, FDR 校正。图像自上而下在 MNI 空间的 z 坐标分别为：+52, +42, +32, +22, +8, +2, -6, -12, 图像的右侧为左脑。

线条方向判断任务之间存在显著差异 [反应时：$t(17)=6.221$，$p<0.001$ 和 $t(17)=8.994$，$p<0.001$; 正确率：$t(17)=4.106$，$p<0.001$ 和 $t(17)=2.652$，$p<0.05$]，但语音任务和语义任务之间没有区别。

令人惊讶的是，直接比较语义任务和语音任务的神经激活水平，两者也几乎没有差异（图 3.6A 和表 3.3）。与语音任务相比，语义任务只在左脑额下回延伸到额中回的区域被激活更高（图 3.6A 中的黄 / 红色区域）。唯一的语音任务比语义任务表现出较高激活的区域是楔前叶延伸到后扣带回（图 3.6A 中蓝 / 紫色的区域）。相比之下，语音和语义任务的合并显示了一些语言（语音和语义）任务比非语言控制（线条方向）任务更多的激活区域，包括左脑额下回（BA47、44 和 45）延伸至额中回、颞中回、枕中回、舌回和梭状回（图 3.6B 和表 3.3 中的黄色 / 红色的区域）。值得注意的是，在过去的研究中，右脑梭状回被认为在汉语阅读中起重要作用（Bolger，Perfetti & Schneider，2005; Liu，Dunlap，Fiez & Perfetti，2007; Nelson，Liu，Fiez & Perfetti，2009; Tan，Laird，Li & Fox，2005），但在我们的研究中则发现右脑梭状回在非语言任务中比语言任务中被激活的程度更高。

表 3.3　判断任务的脑激活区域。特异的语言效应：直接比较语音判断和语义判断；一般的语言效应：直接比较语言判断，合并语音和语义判断和线条方向判断。

脑区	*BA* 分区	峰值坐标			团块体积（mm^3）	*p* 值（激活峰值）
		x	*y*	*z*		
语义判断 > 语音判断						
左额下回	47	−40	41	−6	4232	<0.0001
语音判断 > 语义判断						
右扣带回	31	20	−52	24	7128	<0.0001
语言判断 > 线段判断						
左额下回	47	−38	38	−4	12984	<0.0001
右小脑	18	14	−88	−30	6816	<0.0001

脑区	BA 分区	峰值坐标			团块体积 （mm^3）	p值 （激活峰值）
		x	y	z		
左颞中回	21	−58	−42	0	3496	<0.0001
左枕中回	18	−26	−84	−6	3120	<0.0001
右楔叶	18	−10	−98	18	2840	<0.0001
左海马旁回	20	−38	−13	−22	1880	<0.0001
左侧副沟	37	−30	−36	−18	872	<0.0001
右楔叶	18	38	−96	0	720	<0.0001
左额内侧回	6	−38	10	52	712	<0.0001
左额上回	8	−8	34	47	600	<0.0001
右额内侧回	13	36	−18	22	520	<0.0001
右楔叶	18	16	−100	18	384	<0.0001
左额内侧回	13	−36	−26	24	304	<0.0001
线段判断 > 语言判断						
右顶下小叶	7	26	−64	34	24200	<0.0001
右中央前回	6	32	−2	50	7504	<0.0001
左顶上小叶	7	−22	−60	56	5528	<0.0001
左小脑	37	−36	−46	−28	3136	<0.0001
左梭状回	37	54	−62	−14	3072	<0.0001
左小脑	37	−30	−60	−42	1536	<0.0001
左中央前回	6	−22	−6	50	1336	<0.0001
右额中回	19	38	−78	18	1320	<0.0001
右额中回	9	51	6	28	912	<0.0001
右小脑	37	40	−46	−32	568	<0.0001
左顶上小叶	19	−36	−80	14	328	<0.0001

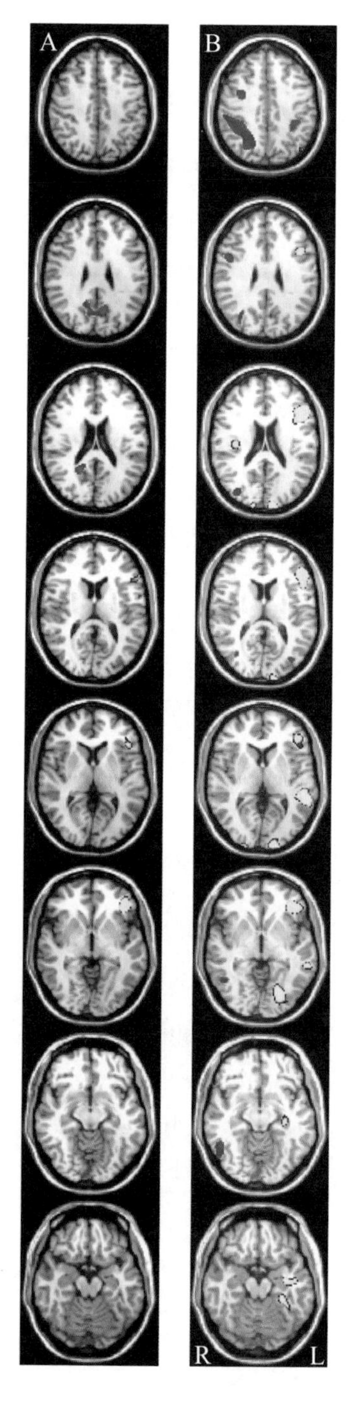

图 3.6 （A）语义判断任务比语音判断任务激活更多的脑区（黄 / 红）和语音判断任务比语义判断任务激活更多的脑区（蓝 / 紫）；（B）语言判断任务（合并语音判断和语义判断任务）比线条方向判断任务激活更多的脑区（黄 / 红）和线条判断任务比语言判断任务激活更多的脑区（蓝 / 紫）。激活阈限 p <0.0001, FDR 校正。图像自上而下在 MNI 空间的 z 坐标分别为：+42, +28, +20, +12, +4, −4, −12, −18, 图像的右侧为左脑。

第三节　汉字阅读中语音和语义的协作分工

在本研究中，我们对中文阅读的神经系统进行了研究，重点是规则一致形声字阅读过程中的语音和语义加工的协作分工。我们采用了一种自适应学习范式，在训练过程中，要求被试关注规则一致形声字的不同属性（语音和语义）。我们使用这个范式检验语音和语义训练对后续命名任务的迁移效应。根据训练效果显示，语音和语义训练对命名产生了相似的影响。从行为学角度来说，语音和语义的训练，可以在同等程度上促进命名反应时。从神经生物学角度来说，在阅读规则形声字的时候，语音和语义过程之间是相对平衡的协作分工模式。

除了我们在阅读规则一致形声字时语音和语义分工的主要发现之外，判断任务的神经成像结果也进一步揭示了中文阅读的神经回路。判断任务中的神经激活模式证实了中文阅读主要在左脑（Tan et al., 2005）的观点，包括额下回、颞中回、顶下小叶 / 顶上小叶、梭状回和额中回。这些区域均参与了判断任务中的语音和语义判断，这再次表明语义和语音在某种程度上是共享相同的神经网络的。

我们的第一个重要研究结果是证明了阅读汉语规则一致形声字时语音和语义的协作分工。我们直接对比了阅读规则一致形声字时的语音训练和语义训练的影响，这在以前的研究中是很少操作的。令人惊讶的是，语音和语义训练不仅在命名反应时上显示了相似的效应，在神经生物学上也产生了相似的影响。总之，研究结果表明，汉语阅读需要语义和语音的协作分工。我们在当前的研究中发现，语音和语义的协作分工对规则一致形声字的阅读具有促进作用，这与近期在联结主义框架下计算机模拟的研究发现一致，表明语义在命名规则一致形声字的过程中与语音发挥着同等重要的作用（Yang et al.，2012）。

从更广泛的理论背景来看，目前的研究结果也与中文的阅读发展和阅读损伤的研究发现相一致。尽管许多研究报告了语音能力与中国儿童汉字识别之间的高度关联（Chow，McBride-Chang & Burgess, 2005；Ho，Law & Ng，2000；Siok & Fletcher，2001），语义能力对中文阅读发展的贡献也至关重要（Chen，Hao，Geva，Zhu & Shu，2009；McBride-Chang，Shu，Zhou，Wat & Wagner，2003；Shu，McBride-Chang，Wu & Liu，2006）。尤其是 Li、Shu、McBride-Chang、Liu 和 Peng （2012）从北京收集了 184 名 5~6 岁幼儿园小朋友和 273 名 7~9 岁小学生的语音能力、语义能力和汉字识别能力的数据，并且发现语音能力和语义能力均能显著预测这些孩子的汉字识别表现。Shu、Meng、Chen、Luan 和 Cao（2005）的儿童发展性阅读障碍研究也暗示了语义障碍和语音障碍对汉字阅读有广泛的影响。他们报告了 3 例中文发展性阅读障碍儿童，并发现其中一例主要与语义加工缺陷有关（表层阅读障碍）而其他两例主要与语音加工缺陷有关（深层阅读障碍）。同样值得注意的是，最近的一项神经影像学研究发现，中国发展性阅读障碍儿童的语音和语义加工使用了相同的大脑神经网络 （Liu et al., 2012），这再次表明对于中文阅读者而言，语音和语义加工有可能使用了相同的神经网络。

尽管我们的神经生物学研究结果表明，汉语阅读的神经网络在很大程度上与英语阅读的神经网络是重叠的，但汉语阅读中语音和语义之间的神经分工与英语中的发现却形成了巨大的反差。虽然在本研究中，我们没有针对拼音文字进行对比实验，但是仍然值得在当前的中文研究和已有的拼音文字的研究之间做一个定性比较，从而说明书写系统的结构如何造成阅读中语音和语义之间分工的差异性。

首先，对于适应性学习实验，在拼音文字中进行的最具可比性的研究是 Sandak 等人（2004）在英语阅读中所做的工作。虽然这两项研究采用了稍微不同的训练程序（语音训练：英语的押韵判断和汉语的同音判断；语义训练：英语的分类判断和汉语的语义相关判断） 和不同的训练材料

（英语假词和汉语的规则一致形声字），但这两项研究采用的适应性学习范式是相同的，并且本研究中发现的中文阅读者的适应性学习的行为反应模式与英语阅读者是相似的。这两项研究均发现了语音和语义训练导致的命名反应时促进作用，并且语音训练和语义训练的促进作用相似，这再次说明了这两项研究的可比性。

然而，在阅读汉语和英语时，语音和语义的协作分工的神经生物学模式似乎是完全不同的。在 Sandak 等人（2004）的研究结果中，英语阅读者的语音和语义训练的神经生物学效应差异很大。语音训练导致左额回、缘上回和后额下回激活减少，而语义训练则增加了左侧颞中回的激活。相比之下，本研究中语音和语义的训练产生了相似的神经生物学效应，语音和语义训练都导致了包括双侧顶下小叶激活的增加和双侧额下回（BA45）激活的减少。双侧额下回激活的降低可能反映了与训练相关的发音回路加工效率的提高（Katz et al., 2005; Poldrack & Gabrieli, 2001; Pugh et al., 2008; Sandak et al., 2004）。本研究中语音和语义训练条件间的唯一区别在于左侧额下回（BA47）的前部区域，语义训练的形声字命名在该区域的激活少于语音训练的形声字，这表明在汉语形声字命名的神经促进效应中，语义训练的促进作用略微高于语音促进。我们发现的额下回（BA47）前部区域在语义加工中起到更多的作用，与之前英语研究发现的额下回前部负责语义加工一致（Gough, Nobre & Devlin, 2005; Poldrack et al., 1999）。综上所述，我们的研究结果表明，语音和语义训练对与汉字命名相关的大脑激活模式有着相似的影响，这与英语语音和语义训练大脑激活模式存在显著差异形成了鲜明的对比。换句话说，对于中文阅读者来说，形音和形义通路的神经网络不像英语那么容易区分。

其次，在判断任务中所观察到的语音判断和语义判断的结果，与之前在英语中观察到的效应也有很大的不同。我们发现，语音和语义判断在汉语阅读系统中引起了相似的神经激活模式。虽然在左侧额下回（BA47）

中，语义判断任务确实诱发了比语音判断更高的激活，但在左脑额下回（BA45）、额中回、颞中回、梭状回和顶下小叶/顶上小叶等区域语音判断与语义判断引起了相同的激活。与此相反，先前对英语阅读者的研究显示，语音和语义任务导致了大量不同的神经激活模式。相对于语音任务，语义任务与左脑的前额下回前部、角回、颞中回、梭状回前部的激活相关；而语音任务与左脑的额下回后/背部、脑岛、缘上回以及梭状回后部的激活有关（Booth et al., 2002a, 2002b; Demonet et al., 1992; Devlin, Matthews & Rushworth, 2003; McDermott, Petersen, Watson & Ojemann, 2003; Poldrack et al., 1999; Price, Moore, Humphreys & Wise, 1997; Pugh et al., 1996）。我们的判断任务的研究结果和之前的英语判断任务的研究结果相比较，再次证明了我们的假设，即汉字阅读比英语阅读的语音和语义加工更加均衡。汉字阅读时形音和形义加工过程中使用相似的神经网络，即使被试被要求专注于语音信息，也会引发语义过程来促进语音的计算，反之亦然。综上所述，和阅读英语单词相比，阅读汉字时负责语音和语义加工过程的脑区更加相互依赖。

英语和汉语适应性学习实验的不同神经生物学效应表明，汉语阅读系统语音和语义的分工比英语更平衡。基于两种书写系统的读者间神经分工的差异可能来源于两种书写系统结构的区别，形音和形义不同的统计规律导致了跨书写系统语音和语义间分工的差异（Harm & Seidenberg, 2004; Seidenberg, 1992, 2011; Yang et al., 2012）。正如我们在引言中所描述的，汉语的形音和形义映射是相对平衡的都存在统计规律，尽管两者都不如英语中形音映射那么一致。与此相反，尽管英语中形音映射在很大程度上是系统的（即使不像意大利语或西班牙语那么“浅显”），但形义映射很大程度上是任意的（Rueckl, 2010; Seidenberg & Gonnerman, 2000），而读者可以通过语音中介通路实现形到义的映射，即字形—语音—语义映射。因此，我们有理由推测，与英语阅读相比，汉语阅读时语音和语义加工过程应该是平衡分工的（Harm & Seidenberg, 2004; Yang et al., 2012）。如图 3.7 所示，我们进行了英语和汉语阅读过程中形音和形义间加工过程分工的对比。这两个过程（字形到语音的映射和字形到语义的映射），在两种书写系统中均能促进语音计算。然而，在两种书写系统中，两种映射的权重有本质的区别：在英语中，对形音映射的依赖比形义映射更大，而在中文中，这两种映射对语音计算有同样的贡献。

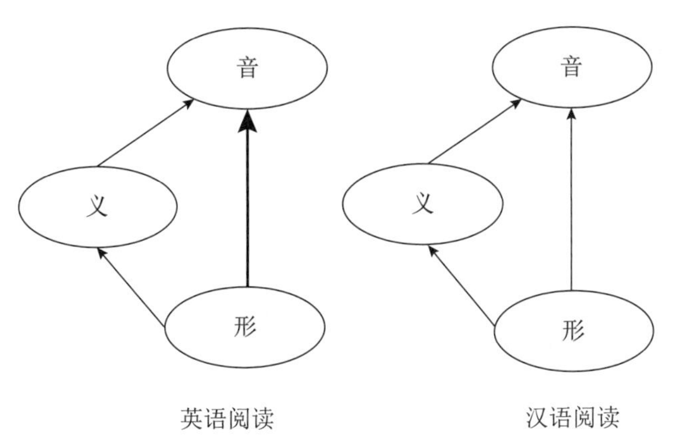

图 3.7　英语和汉语阅读过程中形—音和形—义过程的协作分工的差异

虽然我们大体上已经讨论了中文和英文间在联结主义模型框架下的形音和形义加工过程中分工的差异，但这些差异也可能部分依赖于其本身书面和语音形式的结构。汉语正字法的复杂性和单音节语音结构的简易性也会形成两种写作系统间阅读加工过程的差异。在正字法结构上，虽然汉语包括声旁和形旁，但这些偏旁部首会进一步划分为大约 600 个部件，有固定的内部结构。这些部件复杂的视觉空间组织在汉语阅读中对基本的视觉或正字法分析较字母系统文字阅读的要求更高。此外，许多偏旁部首或部件都有自己特定的位置，因此对这些正字法知识的认识在汉字识别中很重要（Li et al.，2012）。研究还发现，正字法加工过程的缺陷也可能直接与阅读障碍有关（Ho，Chan，Chung，Lee & Tsang，2007；Ho，Chan，

Lee，Tsang & Luan，2004）。在语音结构方面，汉语的语音结构相对于英语较简单。汉语语素总是与单音节相对应，而音节只允许一些特定的结构组成，如 CV、CVN、V 和 VN（C = 辅音，V = 元音，N = 鼻音）。事实上，在汉语口语词汇识别中，音节意识比音素意识更重要，这一发现与英语形成了鲜明的对比（Zhao，Guo，Zhou & Shu，2011）。Siok、Jin、Fletcher 和 Tan（2003）也发现了不同的大脑区域与汉语读者的音节和音素加工过程有关。由此可见，与英语阅读相比，汉语语音结构的特殊性可能也会对汉语阅读产生一定的影响（Siok，Perfetti，Jin & Tan，2004; Tan et al., 2005）。

此外，一些脑区被认为与汉字识别特别相关，以增加对视觉空间处理的需求，包括左脑额中回和右脑梭状回（Bolger et al., 2005；Liu，Dunlap，et al., 2007; Nelson et al.，2009; Tan et al., 2005）。还有一些脑区被认与汉语音节层面上“处理”语音加工过程相关，如左脑的额中回（Siok et al., 2003, 2004; Tan et al., 2005）。我们的研究发现，与非语言判断任务相比，左脑额中回更多参与了语言判断任务，这表明了其对汉字的一般视觉空间分析的作用（Tan, Liu, et al., 2001; Tan et al., 2003）。然而，语义判断任务比语音判断任务也激活了更多的左脑额中回，不规则不一致形声字命名在左脑额中回的激活也高于规则一致形声字命名。因此，我们倾向于认为左脑额中回参与了字形、语音和语义三种加工过程。就右脑梭状回而言，我们的结果并不支持先前的一些研究，这些研究认为在汉语阅读中右脑梭状回扮演了特定角色（Bolger et al., 2005；Liu, Dunlap, et al., 2007；Nelson et al., 2009；Tan et al., 2005）。在我们的研究里，非语言任务（线条方向判断任务）中该区域的激活比语言任务（语义相关和同音判断）要高。因此，我们认为右脑梭状回主要还是进行非字形加工，而非特异性地加工汉字字形。我们的结论与 Hu 等人（2010）的一篇汉语和英语阅读的对比研究相一致，他们的结果也没有发现中文阅读者在右脑梭状回的特异性激活。

总之，本研究表明汉语阅读中语音与语义的协作分工是平衡的，这种平衡的分工可能是由于汉语书写系统中字形—语音和字形—语义映射具有相似的统计规律造成的。汉语阅读中语音和语义的协作分工的神经网络模式与英语中的发现存在巨大差异，英语阅读者的语音和语义加工的神经网络非常不同，而汉语阅读者进行语音和语义加工却使用相同的神经网络，造成这种差异的根本原因也来源于两种语言不同的形音和形义映射统计规律。

参考文献

Barca, L., Burani, C. & Arduino, L. S. （2002）. Word naming times and psycholinguistic norms for Italian nouns. *Behavior Research Methods, Instruments, & Computers*, 34（3）, 424–434.

Bates, E., Burani, C., D’Amico, S. & Barca, L. （2001）. Word reading and picture naming in Italian. *Memory & Cognition*, 29（7）, 986–999.

Bolger, D. J., Perfetti, C. A. & Schneider, W. （2005）. Cross-cultural effect on the brain revisited: universal structures plus writing system variation. *Human Brain Mapping*, 25（1）, 92–104.

Booth, J. R., Burman, D. D., Meyer, J. R., Gitelman, D. R., Parrish, T. B. & Mesulam, M. M. （2002a）. Functional anatomy of intra- and cross-modal lexical tasks. *NeuroImage*, 16（1）, 7–22.

Booth, J. R., Burman, D. D., Meyer, J. R., Gitelman, D. R., Parrish, T. B. & Mesulam, M. M. （2002b）. Modality independence of word comprehension. *Human Brain Mapping*, 16（4）, 251–261.

Booth, J. R., Lu, D., Burman, D. D., Chou, T. L., Jin, Z., Peng, D. L., et al.（2006）. Specialization of phonological and semantic processing in Chinese word reading. *Brain Research*, 1071（1）, 197–207.

Cattinelli, I., Borghese, N. A., Gallucci, M. & Paulesu, E. （2013）. Reading the reading brain: a new meta-analysis of functional imaging data on reading. *Journal of Neurolinguistics*, 26, 214–238.

Chen, X., Hao, M. L., Geva, E., Zhu, J. & Shu, H. （2009）. The role of compound awareness in Chinese children's vocabulary acquisition and character reading. *Reading and Writing*, 22（5）, 615–631.

Chow, B. W. Y., McBride-Chang, C. & Burgess, S. （2005）. Phonological processing skills and early reading abilities in Hong Kong Chinese kindergarteners learning to read English as a second language. *Journal of Educational Psychology*, 97（1）, 81–87.

DeFrancis, J. （1989）. Visible speech: The diverse oneness of writing systems. Honolulu, HI: University of Hawaii Press.

Demonet, J. F., Chollet, F., Ramsay, S., Cardebat, D., Nespoulous, J. L., Wise, R., et al. （1992）. The anatomy of phonological and semantic processing in normal subjects. *Brain*, 115（Pt 6）, 1753–1768.

Devlin, J. T., Matthews, P. M. & Rushworth, M. F. （2003）. Semantic processing in the left inferior prefrontal cortex: a combined functional magnetic resonance imaging and transcranial magnetic stimulation study. *Journal of Cognitive Neuroscience*, 15（1）, 71–84.

Fiez, J. A., Balota, D. A., Raichle, M. E. & Petersen, S. E. （1999）. Effects of lexicality, frequency, and spelling-to-sound consistency on the functional anatomy of reading. *Neuron*, 24（1）, 205–218.

Friston, K. J., Ashburner, J., Frith, C. D., Poline, J. B., Heather, J. D. & Frackowiak, R. S. J. （1995）. Spatial registration and normalization of images. *Human Brain Mapping*, 3（3）, 165–189.

Frost, R. （2012）. Towards a universal model of reading. *Behavioral and Brain Science*, 35（5）, 263–279.

Frost, S. J., Mencl, W. E., Sandak, R., Moore, D. L., Rueckl, J. G., Katz, L., et al. （2005）. A functional magnetic resonance imaging study of the tradeoff between semantics and phonology in reading aloud. *NeuroReport*, 16（6）, 621–624.

Genovese, C. R., Lazar, N. A. & Nichols, T. （2002）. Thresholding of statistical maps in functional neuroimaging using the false discovery rate. *NeuroImage*,

15（4），870–878.

Gough, P. M., Nobre, A. C. & Devlin, J. T. （2005）. Dissociating linguistic processes in the left inferior frontal cortex with transcranial magnetic stimulation. *Journal of Neuroscience*, 25（35），8010–8016.

Graves, W. W., Desai, R., Humphries, C., Seidenberg, M. S. & Binder, J. R.（2010）. Neural systems for reading aloud: a multiparametric approach. *Cerebral Cortex*, 20（8），1799–1815.

Harm, M. W. & Seidenberg, M. S. （2004）. Computing the meanings of words in reading: cooperative division of labor between visual and phonological processes. *Psychological Review*, 111（3），662–720.

Ho, C. S. H., Chan, D. W., Chung, K. K. H., Lee, S. H. & Tsang, S. M. （2007）. In search of subtypes of Chinese developmental dyslexia. *Journal of Experimental Child Psychology*, 97（1），61–83.

Ho, C. S. H., Chan, D. W. O., Lee, S. H., Tsang, S. M. & Luan, V. V. H. （2004）. Cognitive profiling and preliminary subtyping in Chinese developmental dyslexia. *Cognition*, 91（1），43–75.

Ho, C. S. H., Law, T. P. S. & Ng, P. M. （2000）. The phonological deficit hypothesis in Chinese developmental dyslexia. *Reading and Writing*, 13（1-2），57–79.

Holmes, A. P. & Friston, K. J. （1998）. Generalizability, random effects, and population inference. *NeuroImage*, 7, S34.

Hu, W., Lee, H. L., Zhang, Q., Liu, T., Geng, L. B., Seghier, M. L., et al. （2010）. Developmental dyslexia in Chinese and English populations: dissociating the effect of dyslexia from language differences. *Brain*, 133（Pt 6），1694–1706.

Jared, D. （2002）. Spelling-sound consistency and regularity effects in word naming. *Journal of Memory and Language*, 46（4），723–750.

Katz, L., Lee, C. H., Tabor, W., Frost, S. J., Mencl, W. E., Sandak, R., et al.（2005）. Behavioral and neurobiological effects of printed word repetition in lexical decision and naming. *Neuropsychologia*, 43（14），2068–2083.

Lee, C. Y., Tsai, J. L., Kuo, W. J., Yeh, T. C., Wu, Y. T., Ho, L. T., et al. （2004）. Neuronal correlates of consistency and frequency effects on Chinese character naming: an event-related fMRI study. *NeuroImage*, 23（4），1235–1245.

Lee, C. Y., Tsai, J. L., Su, E. C. I., Tzeng, O. J. L. & Hung, D. J. (2005). Consistency, regularity, and frequency effects in naming Chinese characters. *Language and Linguistics*, 6 (1), 75–107.

Li, H., Shu, H., McBride-Chang, C., Liu, H. Y. & Peng, H. (2012). Chinese children's character recognition: visuo-orthographic, phonological processing and morphological skills. *Journal of Research in Reading*, 35(3), 287–307.

Liu, Y., Dunlap, S., Fiez, J. & Perfetti, C. (2007). Evidence for neural accommodation to a writing system following learning. *Human Brain Mapping*, 28 (11), 1223–1234.

Liu, Y., Shu, H. & Li, P. (2007). Word naming and psycholinguistic norms: Chinese. *Behavior Research Methods*, 39 (2), 192–198.

Liu, L., Wang, W. J., You, W. P., Li, Y., Awati, N., Zhao, X., et al. (2012). Similar alterations in brain function for phonological and semantic processing to visual characters in Chinese dyslexia. *Neuropsychologia*, 50 (9), 2224–2232.

McBride–Chang, C., Shu, H., Zhou, A. B., Wat, C. P. & Wagner, R. K. (2003). Morphological awareness uniquely predicts young children's Chinese character recognition. *Journal of Educational Psychology*, 95 (4), 743–751.

McDermott, K. B., Petersen, S. E., Watson, J. M. & Ojemann, J. G. (2003). A procedure for identifying regions preferentially activated by attention to semantic and phonological relations using functional magnetic resonance imaging. *Neuropsychologia*, 41 (3), 293–303.

Miezin, F. M., Maccotta, L., Ollinger, J. M., Petersen, S. E. & Buckner, R. L. (2000). Characterizing the hemodynamic response: effects of presentation rate, sampling procedure, and the possibility of ordering brain activity based on relative timing. *NeuroImage*, 11 (6 Pt 1), 735–759.

Nelson, J. R., Liu, Y., Fiez, J. & Perfetti, C. A. (2009). Assimilation and accommodation patterns in ventral occipitotemporal cortex in learning a second writing system. *Human Brain Mapping*, 30 (3), 810–820.

Papademetris, X., Jackowski, A. P., Schultz, R. T., Staib, L. H. & Duncan, J. S. (2003). Computing 3D non-rigid brain registrations using extended robust point matching for composite multisubject fMRI analysis. In R. E. Ellis,

& T. M. Peters （Eds.）, *Medical image computing and computer assisted intervention* （pp.788–795）. Berlin, Germany: Springer-Verlag.

Paulesu, E., Demonet, J. F., Fazio, F., McCrory, E., Chanoine, V., Brunswick, N., et al. （2001）. Dyslexia: cultural diversity and biological unity. *Science*, 291（5511）, 2165–2167.

Paulesu, E., McCrory, E., Fazio, F., Menoncello, L., Brunswick, N., Cappa, S. F., et al. （2000）. A cultural effect on brain function. *Nature Neuroscience*, 3（1）, 91–96.

Plaut, D. C., McClelland, J. L., Seidenberg, M. S. & Patterson, K. （1996）. Understanding normal and impaired word reading: computational principles in quasi–regular domains. *Psychological Review*, 103（1）, 56–115.

Poldrack, R. A. & Gabrieli, J. D. （2001）. Characterizing the neural mechanisms of skill learning and repetition priming: evidence from mirror reading. *Brain*, 124（Pt 1）, 67–82.

Poldrack, R. A., Wagner, A. D., Prull, M. W., Desmond, J. E., Glover, G. H. & Gabrieli, J. D. （1999）. Functional specialization for semantic and phonological processing in the left inferior prefrontal cortex. *NeuroImage*, 10（1）, 15–35.

Price, C. J., Moore, C. J., Humphreys, G. W. & Wise, R. J. S. （1997）. Segregating semantic from phonological processes during reading. *Journal of Cognitive Neuroscience*, 9（6）, 727–733.

Pugh, K. R., Frost, S. J., Sandak, R., Landi, N., Rueckl, J. G., Constable, R. T., et al. （2008）. Effects of stimulus difficulty and repetition on printed word identification: an fMRI comparison of nonimpaired and reading-disabled adolescent cohorts. *Journal of Cognitive Neuroscience*, 20（7）, 1146–1160.

Pugh, K. R., Mencl, W. E., Jenner, A. R., Katz, L., Frost, S. J., Lee, J. R., et al. （2000）. Functional neuroimaging studies of reading and reading disability（developmental dyslexia）. *Mental Retardation and Developmental Disabilities Research Reviews*, 6（3）, 207–213.

Pugh, K. R., Shaywitz, B. A., Shaywitz, S. E., Constable, R. T., Skudlarski, P., Fulbright, R. K., et al. （1996）. Cerebral organization of component processes in reading. *Brain*, 119（Pt4）, 1221–1238.

Rueckl, J. G. （2010）. Connectionism and the role of morphology in visual word recognition. *The Mental Lexicon*, 5（3）, 371–400.

Sandak, R., Mencl, W. E., Frost, S. J., Rueckl, J. G., Katz, L., Moore, D. L., et al. （2004）. The neurobiology of adaptive learning in reading: a contrast of different training conditions. *Cognitive, Affective, & Behavioral Neuroscience*, 4（1）, 67–88.

Seidenberg, M. S. （1992）. Beyond orthographic depth in reading: equitable division of labor. In R. Frost, & L. Katz （Eds.）, *Orthography, phonology, morphology, and meaning* （pp. 85–118）. Oxford, England: North-Holland.

Seidenberg, M. S. （2011）. Reading in different writing systems: one architecture, multiple solutions. In P. McCardle, B. Miller, J. R. Lee & O. Tzeng （Eds.）, *Dyslexia across languages: Orthography and the gene-brain-behavior link* （pp. 149–174）. Paul Brookes Publishing.

Seidenberg, M. S. & Gonnerman, L. M. （2000）. Explaining derivational morphology as the convergence of codes. *Trends in Cognitive Sciences*, 4（9）, 353–361.

Shibahara, N., Zorzi, M., Hill, M. P., Wydell T. & Butterworth, B. （2003）. Semantic effects in word naming: evidence from English and Japanese Kanji. *Quarterly Journal of Experimental Psychology* Section A, 56（2）, 263–286.

Shu, H., Chen, X., Anderson, R. C., Wu, N. & Xuan, Y. （2003）. Properties of school Chinese: implications for learning to read. *Child Development*, 74（1）, 27–47.

Shu, H., McBride-Chang, C., Wu, S. & Liu, H. Y. （2006）. Understanding Chinese developmental dyslexia: morphological awareness as a core cognitive construct. *Journal of Educational Psychology*, 98（1）, 122–133.

Shu, H., Meng, X. Z., Chen, X., Luan, H. & Cao, F. （2005）. The subtypes of developmental dyslexia in Chinese: evidence from three cases. *Dyslexia*, 11（4）, 311–329.

Siok, W. T. & Fletcher, P. （2001）. The role of phonological awareness and visual-orthographic skills in Chinese reading acquisition. *Developmental Psychology*, 37（6）, 886–899.

Siok, W. T., Jin, Z., Fletcher, P. & Tan, L. H. （2003）. Distinct brain regions associated with syllable and phoneme. *Human Brain Mapping*, 18（3）, 201–207.

Siok, W. T., Perfetti, C. A., Jin, Z. & Tan, L. H. （2004）. Biological abnormality of impaired reading is constrained by culture. *Nature*, 431（7004）, 71–76.

Strain, E., Patterson, K. & Seidenberg, M. S. （1995）. Semantic effects in single-word naming. *Journal of Experimental Psychology: Learning, Memory, and Cognition*, 21（5）, 1140–1154.

Strain, E., Patterson, K. & Seidenberg, M. S. （2002）. Theories of word naming interact with spelling-sound consistency. *Journal of Experimental Psychology: Learning, Memory, and Cognition*, 28（1）, 207–214.

Tan, L. H., Feng, C. M., Fox, P. T. & Gao, J. H. （2001）. An fMRI study with written Chinese. *NeuroReport*, 12（1）, 83–88.

Tan, L. H., Laird, A. R., Li, K. & Fox, P. T. （2005）. Neuroanatomical correlates of phonological processing of Chinese characters and alphabetic words: a meta-analysis. *Human Brain Mapping*, 25（1）, 83–91.

Tan, L. H., Liu, H. L., Perfetti, C. A., Spinks, J. A., Fox, P. T. & Gao, J. H.（2001）. The neural system underlying Chinese logograph reading. *NeuroImage*, 13（5）, 836–846.

Tan, L. H., Spinks, J. A., Feng, C. M., Siok, W. T., Perfetti, C. A., Xiong, J., et al.（2003）. Neural systems of second language reading are shaped by native language. *Human Brain Mapping*,18（3）, 158–166.

Taylor, J. S., Rastle, K. & Davis, M. H. （2013）. Can cognitive models explain brain activation during word and pseudoword reading? A meta-analysis of 36 neuroimaging studies. *Psychological Bulletin*, 139（4）, 766–791.

Wang, H. （1986）. Modern Chinese frequency dictionary. Beijing: Beijing Language Institute Press.

Woods, R. P. （1996）. Modeling for intergroup comparisons of imaging data. *NeuroImage*, 4（3 Pt 3）, S84–S94.

Woollams, A. M. （2005）. Imageability and ambiguity effects in speeded naming: convergence and divergence. *Journal of Experimental Psychology: Learning, Memory, and Cognition*, 31（5）, 878–890.

Wu, C. Y., Ho, M. H. R. & Chen, S. H. A. (2012). A meta-analysis of fMRI studies on Chinese orthographic, phonological, and semantic processing. *NeuroImage*, 63 (1), 381–391.

Yang, J., Shu, H., McCandliss, B. D. & Zevin, J. D. (2012). Orthographic influences on division of labor in learning to read Chinese and English: insights from computational modeling. *Bilingualism: Language and Cognition*, 16 (2), 354–366.

Zhao, J., Guo, J., Zhou, F. & Shu, H. (2011). Time course of Chinese monosyllabic spoken word recognition: evidence from ERP analyses. *Neuropsychologia*, 49 (7), 1761–1770.

第四章　阅读习得的学习机理研究

这一章的内容为我的博士论文研究，共报道了两项通过人工字形学习范式研究阅读学习机制的实验。两个实验通过不同的训练方式，让英语被试学习不熟悉的人工字形中单词（类似于汉字）的意义和读音，并操纵字形和语音间映射的统计结构的规律性以及字形和语义间映射的统计结构的规律性。我的研究主要有三个发现：首先，形音和形义映射的统计结构对每个映射学习的容易程度具有相似的影响规律，表明两种映射的学习存在一个共同的统计学习机制；其次，学习阅读是一个协作学习的过程，在这个过程中，阅读系统的任何一个特定组成部分都受到存储在系统中其余知识的影响；最后，被试可以由接触到的词语所表现出来的统计规律获得形音和形义映射的统计规律知识。

这项研究的主要贡献在于，第一次在联结主义模型的框架下系统研究了阅读获得的学习机制，对联结主义模型所提出的阅读学习机制提供了实证研究的证据，用数据支持了阅读学习既符合统计学习机制又符合协作学习机制。同时，我的研究设计得到了领域里很多专家的认可，因此这项研究不仅对阅读学习领域有理论贡献，同时它的研究范式也有希望成为阅读实验研究的一个经典，期待这项研究会在阅读领域产生广泛影响。这项研究中我设计了两个实验，两个实验采用了不同的训练方法得到了几乎一模一样的研究结果，这让我很惊喜，因为我第一次体会到在自己的研究中重复自己的实验结果的快乐，也第一次深切感受到科学研究可重复性的重要意义。该研究于2018年发表在*Scientific Studies of Reading* [22（3），191-208].

第一节 阅读习得

阅读获得的研究通常需要追踪初始阅读者阅读技能在几个月甚至几年间的改变（Backman, Bruck, Hebert & Seidenberg, 1984; Bogaerts, Szmalec, De Maeyer, Page & Duyck, 2016; Connor et al., 2013; Goswami, Gombert & de Barrera, 1998; Linkersdörfer et al., 2015; Pan et al., 2016; Seymour, Aro & Erskine, 2003; Yeatman, Dougherty, Ben-Shachar & Wandell, 2012）。虽然这些研究的结果为读写能力习得在认知（Backman et al., 1984; Bogaerts et al., 2016; Pan et al., 2016）、生物（Linkersdörfer et al., 2015; Yeatman et al., 2012）、环境（Goswami et al., 1998; Seymour et al., 2003）以及教学因素（Connor et al., 2013）中的影响提供了重要的见解，但是它们一般不适合检验阅读学习的计算机制（Harm & Seidenberg, 2004; Share, 1995; Ziegler & Goswami, 2005）或神经机制（Pugh et al., 2008）。在本研究中我们通过实验室人工词汇学习的方法报告了两个实验的实验结果，为阅读习得的神经计算机制的研究提供了一个有效的方向。

我们报告的实验源自三角模型的假设（Harm & Seidenberg, 2004; Seidenberg & McClelland, 1989）。这个理论框架已经解释了很多不同的发现，包括熟练阅读（Harm & Seidenberg, 2004; Seidenberg & McClelland, 1989）、正常儿童的阅读习得（Harm & Seidenberg, 1999; Seidenberg & McClelland, 1989）、阅读障碍（Plaut, McClelland, Seidenberg, & Patterson, 1996）、跨语言差异（Plaut & Gonnerman, 2000; Yang, Shu,

McCandliss & Zevin, 2009, 2013）和阅读干预的影响（Harm, McCandliss & Seidenberg, 2003）。三角模型的一个核心思想是词语阅读的过程是由书面文字的字形、语音和语义之间的映射关系所形成的统计规律所决定的。举例来说，形音一致的单词（如 pill、mill 和 still）比那些形音不对应的单词（如 pint）能够被更快更准确地朗读出来（Glushko, 1979; Jared, 2002）。同样，单词阅读中语素结构的影响（Burani & Caramazza, 1987; Fowler, Napps & Feldman, 1985; Marslen-Wilson, Tyler, Waksler & Older, 1994; Taft & Forster, 1975），可以理解为字形或语音与语义间映射规则的影响（见 Feldman, 1995）。从三角模型的角度来看，这些效应都是阅读习得的计算过程的结果。根据该模型，阅读学习是一种“统计学习”（Harm & Seidenberg, 1999）。

阅读习得的发展研究（Backman et al., 1984; Deacon & Leung, 2013; Ricketts, Davies, Masterson, Stuart & Duff, 2016; Treiman & Kessler, 2006; Wang, Nickels, Nation & Castles, 2013）为检验阅读学习的统计学习假设提供了方法和途径，但是统计学习可以更直接地利用实验室的方法进行研究。例如，越来越多的研究采用了人工词汇学习的实验范式（Bitan & Karni, 2003, 2004; Deng, Booth, Chou, Ding & Peng, 2008; Deng, Chou, Ding, Peng & Booth, 2011; Havas, Waris, Vaquero, Rodríguez-Fornells, & Laine, 2015; Merkx, Rastle & Davis, 2011; Moore, Brendel & Fiez, 2014; Rueckl & Dror, 1994; Sandak et al., 2004; Taylor, Plunkett & Nation, 2011; Trudeau, 2006; Xue, Chen, Jin & Dong, 2006; Yoncheva, Wise & McCandliss, 2015），即教导被试学习一组虚构词的含义或发音。在一些人工词汇学习的研究中，词形与母语相似，但这些词被赋予了新的含义或发音，符合书写系统中形义（O-S）或形音（O-P）的规律（Havas et al., 2015; Merkx et al., 2011; Rueckl & Dror, 1994; Trudeau, 2006）。在其他研究中，单词的词形是人造的（Bitan & Karni, 2003, 2004; Moore et al.,

2014; Taylor et al., 2011; Yoncheva et al., 2015），或者基于一个不熟悉的书写系统（Deng, Booth, et al., 2008; Deng, Chou, et al., 2011; Xue et al., 2006）。尽管人工词汇学习的实验室任务与学习阅读自然语言有重要的区别，然而该范式可以考察词汇属性（Merkx et al., 2011; Rueckl & Dror, 1994; Taylor et al., 2011; Trudeau, 2006）、指导操作（Bitan & Karni, 2003, 2004; Yoncheva et al., 2015）、个体差别（Xue et al., 2006）以及神经基础（Havas, Laine & Fornells, 2017; Sandak et al., 2004; Taylor, Davis, & Rastle, 2017），表明人工词汇学习的实验范式为阅读习得过程的研究提供了很好的研究方法。

因为学习过程从根本上被理解为是统计的，所以三角模型的第一个假设是预测更系统的映射将更容易学习。此外，三角模型预测形音（O-P）和形义（O-S）映射的学习由同样的统计规律指导计算的（Harm & Seidenberg, 1999; Plaut & Gonnerman, 2000; Plaut et al., 1996; Rueckl & Raveh, 1999; Seidenberg & McClelland, 1989）。但是，也有其他模型假定形义（O-S）映射和形音（O-P）映射可能由不同的学习机制来计算。例如，形音（O-P）学习可能更多地与程序性学习相关，并涉及皮质—纹状体—丘脑回路，而形义（O-S）学习可能与陈述性学习相关，并且主要由内侧颞叶（MTL）控制，尤其是海马区（Ullman & Pierpont, 2005）。

先前的实验室研究为统计学习假说提供了一些支持。许多研究表明，统计结构促进了形音映射的学习（Brooks, 1977; Brooks & Miller, 1979; Byrne, 1984; Deng et al., 2011; Trudeau, 2006; Taylor et al., 2011）。例如，在早期的一项研究中，Brooks（1977）给英语被试教授了由非字母符号构成的 6 个新词，并在他们反复阅读 400 次单词列表后，对他们的命名反应进行了计时。在最后的 200 个命名试次中，发现学习系统形音对应规则新词的被试比学习非系统形音对应规则新词的被试的命名时间更快。同样，许多研究也表明，统计结构促进了形义映射的学习（Deng et al., 2008; Havas et al., 2015; Merkx et al., 2011; Rueckl & Dror, 1994）。例如，Rueckl 和 Dror（1994）训练英语被试在 5 周内学习一套属于不同语义类别（如动物、衣服、家具等）的英语假词，并在训练过程中对假词的形义映射一致性进行操作。他们的研究表明，具有系统的形义映射的假词（例如，durch-dog，hurch-cat，kurch-bear）比没有系统映射关系的假词（例如，durch-dog，hurch-shirt，kurch-table）更容易学习，而且在视觉识别任务中能够更准确地被识别。

三角模型的第二个假设是学习在阅读系统的不同部分不会独立发生，相反，系统中任何特定模块的学习都受到存储在系统其余模块的知识的影响（Harm & Seidenberg, 2004; Yang et al., 2013）。因此，学习的本质是协作的，学习一个给定的映射（如形音映射），不仅取决于这个映射本身的统计特性，还取决于其他映射（如形义映射）的统计特征。

相似的研究已经表明了学习的协作本质。一些已经报道的人工词汇学习研究的结果支持了协作学习假设。例如，在 Trudeau（2006）的人工词汇学习研究中，新词（例如，bint）被赋予了意义，这个意义既可以是高度可表象的（例如，溜冰鞋的一部分），也可以是不能高度表象的（例如，免于被解雇的状态）。结果发现形音（O-P）一致的词（例如，/b nt/）比不一致的词（例如，/ba nt/）能够更快地被习得发音，并且这种一致的效应被语义的可表象性所调控，语义可表象的新词的一致性效应小于语义不可表象的新词。这种模式与熟练的成人英语阅读者的真词阅读行为研究的发现一致（Strain, Patterson & Seidenberg, 1995），为协作学习假设提供了强有力的支持（Harm & Seidenberg, 2004）。Taylor 等（2011）报道了相似的结果，他们发现如果被试在形音（O-P）训练前学习了新词的语义，会促进其形音（O-P）学习。然而，这两个研究都只检验了语义促进形音（O-P）学习，并没有研究探索语音对于形义（O-S）学习的影响。

最后，三角模型假设即使词汇学习的过程基于整词学习，学习者也能发现亚词汇规律（形音和形义映射规律）并用于学习词汇发音和意义（Seidenberg & McClelland, 1989）。因此，虽然模型并不否认专注于亚词汇规则的训练可以增强读者对这些规律性的敏感性（Harm et al., 2003），但模型预测整字训练足以成为亚词汇规律习得的基础。虽然有研究表明亚词汇规律的习得，是通过吸引学习者对亚词汇规则的注意而获得的（Bitan & Karni, 2003, 2004; Brooks & Miller, 1979; Yoncheva 等, 2015），但是其他的研究也表明，把注意力集中在整词训练的任务中也可以习得亚词汇规则（例如 , Deng, Booth, et al., 2008; Deng, Chou, et al., 2011; Havas et al., 2015; Merkx et al., 2011; Rueckl & Dror, 1994; Taylor et al., 2011; Trudeau, 2006）。

第二节　阅读习得学习机制的实证研究

本研究利用人工词汇学习范式设计了形音（O-P）和形义（O-S）相似的系统映射统计结构。实验中使用的人工字形仿照汉字形声字书写系统。80%~90% 的现代汉语文字由偏旁部首两部分组成：一部分提供语音信息；另一部分提供语义信息。在中文系统中，偏旁部首可以提供语音（声旁）或语义（形旁）信息（Shu, Chen, Anderson, Wu & Xuan, 2003），事实上读者对这种统计结构十分敏感（Lee et al., 2004; Ho, Ng & Ng, 2003; Shu, Anderson & Wu, 2000）。

本文设计的人工字形系统由形旁和声旁两部分组成。在一些条件下，这些组成部分可以提供可靠的语音和语义信息。在其他条件下，这些组成部分无法提供可靠的语音和语义信息。关键是，这个方案允许我们独立地操作形音（O-P）和形义（O-S）映射。因此，该人工字形实验可以帮助我们研究统计结构在阅读学习中的作用。尽管这个研究的根本目标是为了探究统计结构在形音（O-P）和形义（O-S）学习中的作用，但是我们的实验结构也允许我们探究源自三角模型的其他两个假设。其中之一关注学习过程的协作性质。本研究不仅探究了形义的统计结构对形音学习的影响，也探究了形音的统计结构对于形义学习的影响。最后，我们还利用这些实验研究了训练环境（亚词汇和整词训练任务）对形音和形义映射统计规则学习的影响；实验一同时包含亚词汇和整词水平的训练任务，实验二只有整词水平的训练任务。

为了探究统计结构在形音和形义学习中的作用，我们构建了三个相同书写形式的人工字形系统，但它们的形音和形义映射的统计规律不同。为了构建这些字形我们选择了两套不重叠的偏旁部首，一套用于形旁（语义偏旁部首），一套用于声旁（语音偏旁部首），字形由形旁和声旁两个偏旁部首组成。为了创造一个从字形到语义系统的系统映射，将含有特定形旁的所有单词从属于某一个语义类别（如动物或者家具等）。因此，在一致的形义条件下，形旁与不同的语义类别是系统相关的。相反，在不一致条件下，单词和语义重新配对，没有两个从属于同一语义类别的单词共享一个特定的形旁（见表 4.1）。一致的和不一致的形音映射的组成方式是相同的。例如，形音一致条件下，单词被指定为双音节读音，而且共享某一特定声旁的单词也会有相同的第二个音节；在不一致条件下，如果两个单词共享一个声旁，则他们会有不同的第二个音节（见表 4.2）。

我们将一致的和不一致的形音映射与一致的和不一致形义映射通过不同方式结合在一起构造了三种字形：一致的形音映射 / 一致的形义映射（CP/CS），一致的形音映射 / 不一致形义映射（CP/IS），不一致的形音映射 / 一致的形义映射（IP/CS）。被试通过训练任务学习这些映射，训练任务需要对文字的语音或语义属性进行判断。统计学习机制的检验通过以下两个对比实现：CP / CS 和 IP / CS 条件（形义映射的结构保持不变）之间在语音任务上的对比，提供了关于形音统计规律对形音映射学习影响的证据；相似地， CP/CS 和 CP/IS 在语义任务中的对比，提供了关于形义统计规律对形义映射学习影响的证据。协作学习机制的检验通过以下两个对比实现：CP / CS 和 CP/IS 在语音任务中的对比，提供了形义统计规律对形音映射学习的影响；CP / CS 和 IP/CS 在语义任务中的对比，提供了形音统计规律对形义映射学习的影响。

一、实验一

（一）被试

48 名拥有正常听力和正常视力或矫正视力的美国康涅狄格大学本科生参与了这个实验。其中 5 名被试是以英语为优势语的双语者，所有被试都以英语为母语，并且不会说中文。被试被随机分配到 CP/CS、CP/IS 和 IP/CS 三种实验条件，每种条件 16 个被试。

（二）材料

所有的字形都由10个汉语独体字（士、中、下、刀、山、小、大、儿、广、父）组成。其中，一半的字被指定为声旁（意味着可以操纵它们与发音的关系），另一半的字被指定为形旁（意味着可以操纵它们与语义的关系）。形旁和声旁的结合组成了25个复合形声字，形旁和声旁的位置在左右间相互平衡，一半被试看到形旁在左、声旁在右，另一半被试看到形旁在右、声旁在左。

这 25 个形声字均有独特的发音，25 个非音节新词由两个音节构成（例如，/faIbi/, /gUbi/, /næbi/, /sʌbi/, 和 /pobi/），每 5 个词共享第二个音节，但第一个音节不同。语义从 Battig 和 Montague（1969）定义的五个语义范畴（动物、身体部位、水果、家具和衣服）中选择，每个语义范畴选择 5 个代表的物体。在语音一致条件下，共享相同声旁的汉字同样也共享相同的第二个音节。相似地，在语义一致条件下，共享相同形旁的汉字归属于相同的语义范畴。在形音映射不一致条件下，书写形式和发音的映射会被打乱，以至于没有哪两个享有相同声旁的字同时享有相同的第二音节；同样地，在形义映射不一致条件下，书写形式和语义的映射会被打乱，以至于没有哪两个共享的相同形旁的字属于相同的语义范畴。最后，在所有条件下，形旁没有系统地与词语的语音属性相关，声旁也没有系统地与词语的语义属性相关。

最后，为了测试被试的亚词汇规则知识，由 5 个声旁 / 形旁和 5 个新偏旁（子、爪、手、尸和戈）联合组成了两套 25 个新字。由声旁和新偏旁组成的新字与已经学习的关键字共享相同的声旁，形旁和新偏旁组成的新字与已经学习的关键字共享相同的形旁（见表 4.1、表 4.2）。

表 4.1　形义映射结构统计规则的操纵说明。每个语义偏旁包含五个字。纵列中列出的语义以系统的形义映射形式进行配对，横排的字形与语义配对形成非系统映射

不一致映射	一致映射				
	士	中	下	刀	山
士	dog	bed	pear	shoe	nose
中	cat	desk	banana	coat	leg
下	horse	lamp	peach	shirt	arm
刀	cow	chair	grapes	sock	eye
山	lion	table	apple	pants	foot

表 4.2　形音映射结构统计规则的操纵说明。每个语音偏旁包含五个字。纵列中列出的语音以系统的形音映射形式进行配对，横排的字形与语音配对形成非系统映射

不一致映射	一致映射				
	小	大	儿	广	父
小	/faIbi/	/waIleI/	/hifu/	/keIgʌ/	/raIdo/
大	/gUbi/	/geleI/	/keIfu/	/naUgʌ/	/bædo/
儿	/næbi/	/poleI/	/lafu/	/faIgʌ/	/feIdo/
广	/sʌbi/	/tuleI/	/waIfu/	/higʌ/	/gUdo/
父	/pobi/	/sʌleI/	/bæfu/	/nægʌ/	/naUdo/

（三）程序

第一阶段，向被试呈现所有 25 个字的发音和语义。将与每个字的字形及其语义对应的图片在显示屏正中间显示 5 秒，在这期间会通过耳机播放三次这个字的发音。这些语义相关的图片是从 Snodgrass 和 Vanderwart

（1980）的图库中找出的黑白线条画。被试被要求学习汉字的发音和语义。每个字呈现一次，顺序随机。

第二阶段，共包括四个训练任务。在语音词汇训练任务中，被试需要判断屏幕中显示的目标字的发音是否是耳机播放的发音。在语音亚词汇训练任务中，被试要判断目标字是否与一个视觉呈现的英语单词有相同的第二音节（如 ruby）。在语义词汇训练任务中，被试需要判断目标字的意义是否与显示的图片相同。在语义亚词汇训练任务中，被试需要判断目标字的意义是否属于某一个语义范畴（如动物）。在四个任务中，被试通过按下键盘上标记的两个按键的其中一个进行反应。在显示屏上显示"正确"或"错误"来给被试提供反馈，同时在语音任务中通过耳机播放每个目标字的发音或者在语义任务中用图片呈现每个目标字的意义让被试进一步学习正确的发音和语义。训练任务共包括 24 个模块（每个任务包括 6 个模块）。训练在语音和语义任务以及词汇和亚词汇训练任务之间交替进行。每个语块包括 25 个试次，每个目标字随机呈现一次。要求被试尽可能快地进行反应。

第三阶段，被试需要完成两个判断任务和两个回忆任务。在判断任务中，使用和亚词汇训练任务中相同的测试任务测试被训练过的字和没有训练的新字。在回忆任务中，要求被试说出 25 个目标字的发音和意义。整个实验环节持续大约 1.5 个小时，其中第一阶段 5 分钟，训练任务一个小时，最后 20 分钟进行测试。

（四）数据分析

使用 SPSS（IBM SPSS Statistics Version22 Chicago，IL）进行方差分析（ANOVA）。以标准化后的正确率（正确率平方根的反正弦转换分数）作为因变量，不同的字形条件作为被试间变量（CP/CS、CP/IS、IP/CS），训练任务、重复次数为被试内变量。对于判断测试任务，增加一个被试内因素：词语类型（训练的汉字、新字）。图表中显示的数据是标准化之前的原始正确率。

（五）结果

本研究进行了两部分的分析：第一部分考察统计学习效应；第二部分考察协作学习效应。

1. 统计学习效应

实验的目的之一是检验形音和形义映射学习中的统计规律对学习的影响。CP/CS 和 IP/CS 条件下的语音任务的对比提供了形音映射一致性对语音学习的影响。相似地，CP/CS 和 CP/IS 条件下语义任务的比较，提供了形义一致性对语义学习的影响。 考虑到设计的混合性质，对语音和语义学习进行了不同的分析。

在亚词汇训练任务中，一致性对语音和语义学习都具有显著性的影响。如图 4.1 第一行所示，语音学习在 CP/CS 条件下比在 IP/CS 条件下学习得更好 [F（1, 28）= 66.49, $\eta_p^2 = 0.704$, $p < 0.001$, power = 1]；语义学习在 CP/CS 条件下比在 CP/IS 条件下学习得更好 [F(1, 28)= 55.34, $\eta_p^2 = 0.664$, $p < 0.001$, power = 1]。不出所料，语音和语义学习随训练次数的增加均有显著提高 [语音 : F（5, 140）= 9.788, $\eta_p^2 = 0.259$, $p < 0.001$, power = 1; 语义 : F（5, 140）= 21.155, $\eta_p^2 = 0.430$, $p < 0.001$, power = 1]，并且一致性效应也随训练次数显著增加，体现在一致性和训练次数的交互作用显著 [语音 : F（5, 140）= 7.937, $\eta_p^2 = 0.221$, $p < 0.001$, power = 0.999; 语义 : F（5, 140）= 9.894, $\eta_p^2 = 0.261$, $p < 0.001$, power = 1]。在词汇训练任务中，语音或语义任务的一致性效应不显著，如图表 4.1 第二行所示，语音和语义学习随训练次数的增加均有显著提高 [语音 : F（5, 140）= 2.470, $\eta_p^2 = 0.081$, $p < 0.05$, power = 0.763; 语义 : F（5, 140）= 30.332, $\eta_p^2 = 0.520$, $p < 0.001$, power = 1]，但是一致性和训练次数的交互作用均不显著。

判断和回忆任务中形音（O-P）和形义（O-S）一致性有着相似的效应。如表 4.3 所示，CP/CS 条件下的语音判断比 IP/CS 条件下的更加准确 [F(1,

28）= 84.77, η_p^2 = 0.752, p <0.001, power = 1]，同时 CP/CS 条件下的语义判断比 CP/IS 条件下的语义判断更加准确 [F（1, 26）= 83.17, η_p^2 = 0.762, p <0.001, power = 1][1]。两个判断任务中训练过的词汇的反应正确率高于新词 [语音：F（1, 28）= 4.198, η_p^2 = 0.130, p <0.05, power = 0.507; 语义：F（1, 26）= 5.067, η_p^2 = 0.163, p <0.05, power = 0.582]。最后，回忆任务同样也揭示了形音（O-P）和形义（O-S）一致性效应。如表 4.4 所示，CP/CS 条件下的语音回忆任务得分优于 IP/CS 条件下的表现 [F（1, 28）= 13.18, η_p^2 = 0.320, p <0.01, power = 0.939]，同时 CP/CS 条件下的语义回忆任务得分优于 CP/IS 条件下的表现 [F（1, 28）= 9.194, η_p^2 = 0.247, p < 0.01, power = 0.833]。

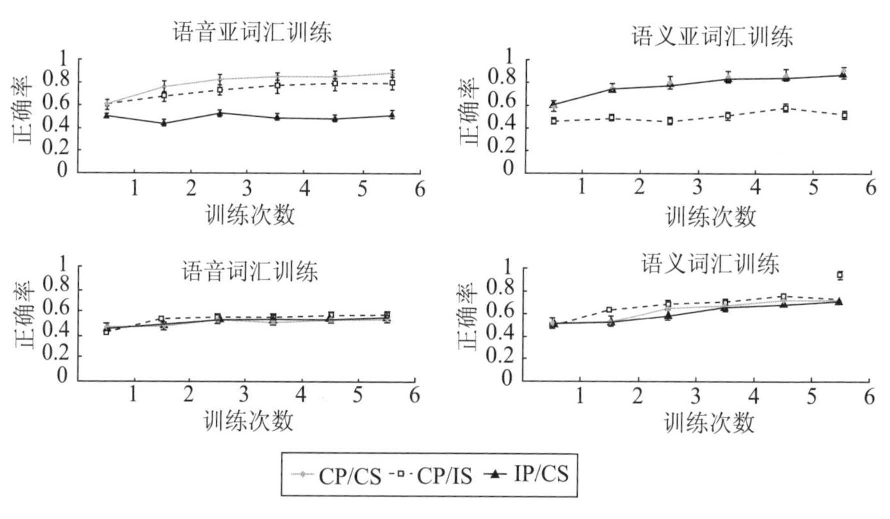

图 4.1　实验一亚词汇和词汇训练任务的一致性效应

2. 协作学习效应

实验的第二个目的是检验语音和语义学习的协作学习效应。为了检验形义映射一致性对于形音学习的影响，我们就 CP/CS 和 CP/IS 条件下语音

1　数据记录过程中进行语义判断任务时两个被试的数据丢失。

任务的结果进行了对比。相似地，为了检验形音映射一致性对于形义学习的影响，我们就 CP/CS 和 IP/CS 条件下语义任务的结果进行了对比。

在判断任务中我们发现了协作学习的效应，尽管这种效应仅仅出现在形音学习任务中。表 4.3 明确显示了语音判断在 CP/CS 条件下比在 CP/IS 条件下正确率更高 [F（1, 28）$= 4.886$, $\eta_p^2 = 0.149$, $p < 0.05$, power = 0.569]。协作学习效应在训练任务、语义判断任务和回忆任务中均不显著（见表 4.4）。

表 4.3　实验一判断任务平均正确率（标准差）

	CP/CS		CP/IS		IP/CS	
	训练词	新词	训练词	新词	训练词	新词
语音	0.93 （0.14）	0.89 （0.16）	0.77 （0.25）	0.79 （0.23）	0.52 （0.08）	0.50 （0.08）
语义	0.93 （0.12）	0.90 （0.14）	0.57 （0.09）	0.45 （0.07）	0.89 （0.14）	0.86 （0.20）

表 4.4　实验一回忆任务的平均正确率（标准差）

	CP/CS	CP/IS	IP/CS
语音	0.11（0.08）	0.08（0.08）	0.02（0.03）
语义	0.44（0.28）	0.21（0.11）	0.40（0.27）

（六）讨论

实验一发现了两个重要的结果。一是统计学习规律：一致的映射学习效果要优于不一致的映射学习效果，并且形音和形义的学习中的这种统计学习规律都是真实存在的。一致的映射提升了语音和语义任务中的正确率，特别是在亚词汇训练任务、判断任务以及回忆任务中表现非常明显。值得注意的是，判断任务中的新词条件充分体现了亚词汇统计规律的运用，结果说明被试获得了形音和形义映射的亚词汇规则知识。二是形音映射在一致的形义映射条件下比在不一致的形义映射条件下习得效果更好。这一发现为协作学习假设提供了证据支持。然而，需要注意的是，实验一中的协作学习效应非常有限：在所有的语义任务和回忆任务中均没有发现协作学习效应。

二、实验二

实验一的结果说明了被试对形音和形义映射的统计属性十分敏感。尽管实验中没有明确告知被试所要呈现的规则，也就是说，没有明确告知被试一个特别的偏旁会与某一个特殊的语义类别或某一个特殊的音节相联系，但被试依然可以通过训练任务发现统计规律并应用于语音和语义映射的学习中。这一发现具有实际意义，说明阅读的初学者并不需要通过明确的指导去发现形音和形义映射的统计规律。支持这一发现的阅读理论确实假定（至少对于典型的读者）亚词汇规则的知识的学习可以通过内隐的训练（如整字训练）获得（见 Powell, Plaut & Funnell, 2006）。在实验二中我们改变训练方法，通过完全内隐的整字训练探讨阅读的统计学习规律和协作学习规律是否依然存在。

（一）被试

来自康涅狄格大学的 48 名听力和视力正常的大学生参加了实验二。其中 14 名双语者的母语是英语，但没有单语者和双语者被试会说中文。被试被随机分配到 3 个字形条件，每个条件 16 人。

（二）材料

实验二中使用的材料与实验一相同。

（三）程序

实验二的训练过程与实验一的不同主要体现在我们删除了亚词汇训练任务，并增加了 12 个词汇训练任务（6 个语义任务，6 个语音任务）。

（四）数据分析

数据分析方法与实验一相同。

（五）结果

1. 统计学习效应

正如预期的那样，随着训练次数的增加，语音 [F（11, 308）= 6.521,

$\eta_p^2 = 0.189$, $p < 0.001$, power = 1] 和语义 [F（11, 308）= 29.892, $\eta_p^2 = 0.516$, $p < 0.001$, power = 1] 训练任务中的正确率都在增加。但是不论是在CP/CS 和 IP/CS 条件下的语音学习还是在 CP/CS 和 CP/IS 条件下的语义学习，一致性的效应均不显著（见图 4.2），这一结果与实验一的结果相似，在实验一的词汇训练任务中我们也未能观察到一致性效应。

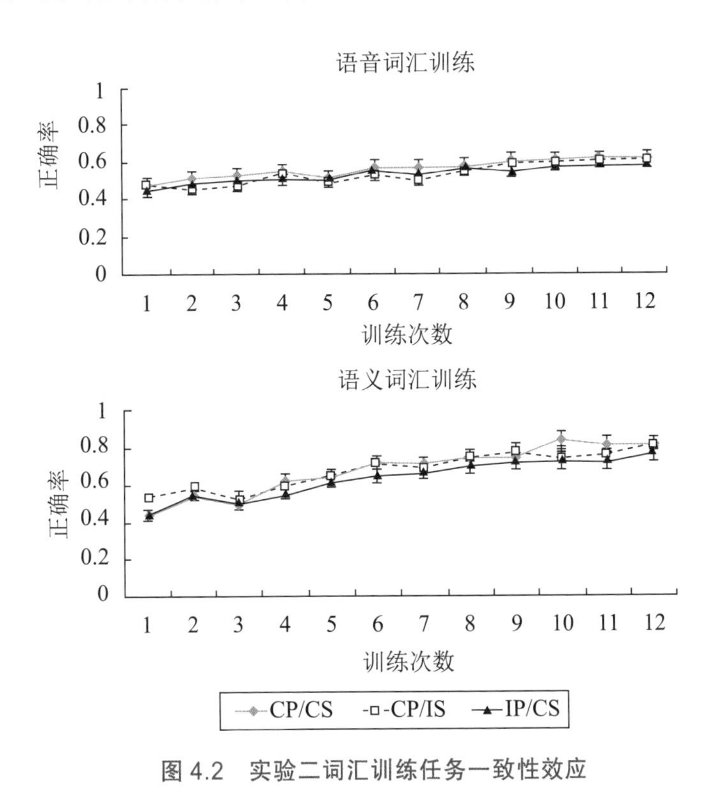

图 4.2　实验二词汇训练任务一致性效应

但一致性影响了判断和回忆任务的表现（见表 4.5 和表 4.6）。CP/CS 条件下的语音判断比 IP/CS 条件下的语音判断更准确 [F（1, 28）= 24.226, $\eta_p^2 = 0.464$, $p < 0.001$, power = 0.997]，同时 CP/CS 条件下的语义判断比 CP/IS 条件下的语义判断更为准确 [F（1, 28）= 22.508, $\eta_p^2 = 0.446$, $p < 0.001$, power = 0.996]。相似地，CP/CS 条件下的语音回忆成绩优于 IP/CS 条件下的语音回忆成绩 [F（1, 28）= 4.209, $\eta_p^2 = 0.13$, $p < 0.05$, power = 0.508]；CP/CS 条件下的语义回忆成绩优于 CP/IS 条件下的语义回忆成绩 [F（1, 28）= 6.054, η_p^2 = 0.178, p <0.05, power = 0.661]。

协作学习效应

协作学习效应的结果同实验一的结果相似。如表 4.5 所示，语音判断任务中，CP/CS 条件下的反应比 CP/IS 条件下的反应更准确 [F（1,28）= 5.145, η_p^2 = 0.155 , p <0.05, power = 0.591]。同第一个实验相似的是协作学习效应在训练任务、语义判断任务以及回忆任务中均不显著（见表 4.6）。

表 4.5　实验二判断任务平均正确率（标准偏差）

	CP/CS		CP/IS		IP/CS	
	训练词	新词	训练词	新词	训练词	新词
语音	0.67 （0.18）	0.68 （0.18）	0.56 （0.17）	0.56 （0.13）	0.47 （0.12）	0.50 （0.11）
语义	0.76 （0.17）	0.66 （0.19）	0.51 （0.09）	0.48 （0.05）	0.79 （0.15）	0.77 （0.16）

表 4.6　实验二回忆任务平均正确率（标准偏差）

	CP/CS	CP/IS	IP/CS
语音	0.08（0.08）	0.07（0.07）	0.03（0.04）
语义	0.35（0.22）	0.20（0.12）	0.28（0.25）

（六）讨论

实验二的结果重复了实验一的核心结果。首先，一致性对形音和形义映射的学习有相似的影响。如同实验一，在判断和回忆任务中，学习一致字的被试的反应要比那些学习不一致字的被试的反应更准确。在词汇训练任务中没有发现一致性效应，这与实验一的结果也是相似的。其次，实验二也发现了协作学习效应，但和实验一相同，协作学习效应仅限于语音判断任务。这些结果提供了清晰的证据，表明学习者在没有明确注意统计规律或者没有特殊的任务要求其注意书写系统中的统计规律的前提下，也能够学习和获得书写系统中的统计规律。

第三节 阅读习得的统计学习和协作学习机制

在本研究中，我们采用了人工字形学习范式，研究了阅读习得的机制。我们的结果支持三个主要结论：形音和形义映射的统计结构决定了其习得的难易程度，这表明形音和形义学习都符合统计学习机制；学习阅读是一个协作的过程，在这种学习过程中，阅读系统的任何一个特定的组成部分的学习都受到存储在系统中的其他知识的影响；亚词汇统计规则的获得不需要外显的与亚词汇规则相关的训练任务，单纯的整词学习足以使学习者获得亚词汇知识。

首先，关于统计学习机制的发现，我们的研究结果与其他关于形音或形义统计规则对人工字形学习影响的研究结果相似（例如，Brooks, 1977; Deng, Booth, et al., 2008; Deng, Chou, et al., 2011; Merkx et al., 2011; Rueckl & Dror, 1994）。我们的研究扩展了之前的研究结果，因为我们的研究同时考察了形音和形义统计规律，并设计了相似的形音与形义映射的结构，我们发现统计结构对形音和形义学习具有相似的效应。具体来说，形音和形义的一致性均导致了实验一和实验二的判断任务、回忆任务以及实验一的亚词汇训练任务中更好的表现；词汇训练任务未能揭示形音一致性影响也未能揭示形义一致性的影响。

需要注意的一点是，语义学习成绩比语音学习成绩好。这一模式可能反映了形音和形义学习的认知神经机制的差异。例如，基于陈述性和程序性记忆的学习理论（Squire, 1992; Ullman & Pierpont, 2005），可以推测出语音学习可能更加依赖程序性记忆系统和大脑皮质纹状体丘脑回路，同时语义学习更多依赖于陈述性记忆系统和中间内侧颞叶回路，尤其是海马。然而，语音和语义的差异可能也与我们设计的人工字形系统整体的形义学习的优势有关。例如，我们构造的单词的含义是由熟悉的概念组成的，而对于英语被试来说语音则是陌生的。此外，与语义学相比，语音在本质上是一个更低维度的领域。

其次，关于协作学习机制的研究，发现形音和形义学习的协作规律有所不同。两个实验我们都发现语音判断在一致的形义映射条件比在不一致的形义映射条件反应更准确，这表明了形音映射学习受形义映射一致性的影响。然而，在任何语义任务中都没有发现形音映射一致性的影响。这种非对称的模式可能源自认知神经机制的差异，但我们认为更合理的解释是，我们的实验范式对检验协作学习假设提供了一个相对较弱的测试范式。一般来说，协作效应在以下几种情况下的影响力最强：（a）将要学习映射的学习相对缓慢；（b）协作学习的映射的学习相对较快；（c）语音和语义之间有很强的关联（Harm & Seidenberg, 2004）。我们的实验中当检验语义映射对语音学习的影响时，满足了条件（a）和（b），因为语义学习相对于语音学习具有整体优势，因此观测到了形义一致性对形音学习的影响。但是因为语音学习要慢于语义学习，因此，当检验语音映射对语义学习的影响时，只满足了条件（a），因此没有观测到形音一致性对语义学习的影响。

最后，关于亚词汇规律知识习得的研究发现与之前若干个人工字形学习的研究（例如，Bitan & Karni, 2003, 2004; Yoncheva et al., 2015）一致。前人研究已经证明了明确引导学习者注意要学的映射的统计特性促进了对映射的学习。我们第一个实验的结果补充这一发现：尽管被试没有给予明确的指导要求其注意统计规律，亚词汇训练任务的任务需求同样可以增强形音和形义映射规律的学习效果，判断和回忆任务一致和不一致映射条件正确率的差异性即说明了这一点。更重要的是，被试在第二个实验中显示，即使没有亚词汇训练任务的任务需求，被试仅通过词汇的暴露，也可以产生相似的形音和形义映射规律的学习效果。

正如引言中所指出的，本研究提出的假设来自于三角模型（Harm & Seidenberg, 2004; Seidenberg & McClelland, 1989），结果可以作为对该框架的支持。从更广泛的角度看，我们的结果如何与其他著名的阅读理论联系起来也是很有趣的。例如，我们将统计学习的结果视为对正字法深度理论的支持，认为阅读的组织反映了写作系统的统计结构（Frost, 2012; Seidenberg, 2011），特别是“阅读单元”是由统计规律所决定的（Treiman & Kessler, 2006; Ziegler & Goswami, 2005）。同样地，我们认为协作学习的证据与自我教学假设的内容大体一致（Share, 1995, 1999）。这一理论认为，通过语音解码产生的语音编码，提供了一种稳定的锚，这种锚能够促进形音表征。协作学习可以理解为这一概念的泛化，这样任何稳定源（即语义和语音编码）都有助于获取相关的词汇属性的知识。最后，我们的研究结果还揭示了统计规律在创造高质量表征中的关键作用，从而支持了词汇质量假说（Perfetti, 2007）。

诚然，上述讨论基本上是推测的。大多数阅读获得的计算机制的理论常常以口头描述的形式出现，尽管在很大程度上这些理论推进了我们对阅读学习过程的理解，但这些理论需要更明确地阐明阅读学习过程的性质。对于有足够细节描述的有关阅读计算的理论，应用计算机模拟实现了对学习过程的细节描述（例如，Harm & Seidenberg, 2004; Perry, Ziegler & Zorzi, 2007; Pritchard, Coltheart, Marinus & Castle, 2016）。然而，应该指出的是，即使是这些有细节描述的理论，也存在很多还需要进一步解答的问题。例如，在三角模型中学习依赖于一个“教学信号”，它为每个书面单词指定正确的语音和语义表征。关于这些信息的来源以及不可靠的教学信号的影响等，还是悬而未决的问题（见 Harm & Seidenberg, 2004 的例子）。

我们的结论是，人工字形学习研究虽然与学习阅读自然语言的情况有明显的区别，但这种范式为研究阅读学习的计算机制提供了一个很好的窗口。在本研究中，我们提出了一种新的人工字形学习的方法，可以独立操纵形音和形义映射的结构。我们的研究结果表明，读者对两种映射的统计规律同时敏感，并且两个映射的学习是协作的，在阅读系统中任何一个特定成分的学习都受到系统其余部分的知识的影响。

参考文献

Backman, J., Bruck, M., Hebert, M. & Seidenberg, M.（1984）. Acquisition and use of spelling-sound correspondences in reading. *Journal of Experimental Child Psychology*, 38（1）, 114–133.

Battig, W. F. & Montague, W. E.（1969）. Category norms for verbal items in 56 categories: A replication and extension of the Connecticut category norms. *Journal of Experimental Psychology*, 80（3, Pt. 2）, 1–46.

Bitan, T. & Karni, A.（2003）. Alphabetical knowledge from whole words training: effects of explicit instruction and implicit experience on learning script segmentation. *Cognitive Brain Research*, 16（3）, 323–337.

Bitan, T. & Karni, A.（2004）. Procedural and declarative knowledge of word recognition and letter decoding in reading an arificial script. *Cognitive Brain Research*, 19（3）, 229–243.

Bogaerts, L., Szmalec, A., De Maeyer, M., Page, M. P. & Duyck, W.（2016）. The involvement of long-term serial-order memory in reading development: a longitudinal study. *Journal of Experimental Child Psychology*, 145, 139–156.

Brooks, L. R.（1977）. Visual pattern in fluent word identification. In A. S. Reber, & D. L. Scarborough（Eds.）, *Toward a Psychology of Reading: The Proceedings of the CUNY Conference*（pp. 143–181）. Hillsdale, NJ: Erlbaum.

Brooks, L. R. & Miller, A.（1979）. A comparison of explicit and implicit knowledge of an alphabet. In P. A. Kolers, M. E. Wrolstad, & H. Bouma（Eds.）, *Processing of Visible Language*, Vol. 1（pp. 391–401）. Plenum, NY.

Burani, C. & Caramazza, A.（1987）. Representation and processing of derived words. *Language and Cognitive Processes*, 2（3–4）, 217–227.

Byrne, B. （1984）. On teaching articulatory phonetics via an orthography. *Memory & Cognition*, 12（2）, 181–189.

Connor, C. M., Morrison, F. J., Fishman, B., Crowe, E. C., Al Otaiba, S. & Schatschneider, C. （2013）. A longitudinal cluster–randomized controlled study on the accumulating effects of individualized literacy instruction on students' reading from first through third grade. *Psychological Science*, 24（8）, 1408–1419.

Deacon, S. H. & Leung, D. （2013）. Testing the statistical learning of spelling patterns by manipulating semantic and orthographic frequency. *Applied Psycholinguistics*, 34（6）, 1093–1108.

Deng, Y., Booth, J. R., Chou, T. L., Ding, G. S. & Peng, D. L. （2008）. Item–specific and generalization effects on brain activation when learning Chinese characters. *Neuropsychologia*, 46（7）, 1864–1876.

Deng, Y., Chou, T. L., Ding, G. S., Peng, D. L. & Booth, J. R. （2011）. The involvement of occipital and inferior frontal cortex in the phonological learning of Chinese characters. *Journal Cognitive Neuroscience*, 23（8）, 1998–2012.

Feldman, L. B. （1995）. Morphological Aspects of Language Processing. Hillsdale, NJ: Erlbaum.

Fowler, C. A., Napps, S. E. & Feldman, L. （1985）. Relations among regular and irregular morphologically related words in the lexicon as revealed by repetition priming. *Memory & Cognition*, 13（3）, 241–255.

Frost, R. （2012）. A universal approach to modeling visual word recognition and reading: Not only possible, but also inevitable. *Behavioral and Brain Sciences*, 35（5）, 310–329.

Glushko, R. J. （1979）. The organization and activation of orthographic knowledge in reading aloud. *Journal of Experimental Psychology: Human Perception and Performance*, 5（4）, 674–691.

Goswami, U., Gombert, J. E. & de Barrera, L. F. （1998）. Children's orthographic representations and linguistic transparency: Nonsense word reading in English, French, and Spanish. *Applied Psycholinguistics*, 19（1）, 19–52.

Harm, M. W., McCandliss, B. D. & Seidenberg, M. S. （2003）. Modeling the successes and failures of interventions for disabled readers. *Scientific Studies of Reading*, 7（2）, 155–182.

Harm, M. W. & Seidenberg, M. S.（1999）. Phonology, reading acquisition, and dyslexia: Insights from connectionist models. *Psychological Review*, 106(3), 491–528.

Harm, M. W. & Seidenberg, M. S.（2004）. Computing the meanings of words in reading: cooperative division of labor between visual and phonological processes. *Psychological Review*, 111（3）, 662–720.

Havas, V., Laine, M. & Fornells, A. R.（2017）. Brain signatures of early lexical and morphological learning of a new language. *Neuropsychologia*, 101, 47–56.

Havas, V., Waris, O., Vaquero, L., Rodríguez-Fornells A. & Laine, M.（2015）. Morphological learning in a novel language: a cross-language comparison. *Quarterly Journal of Experimental Psychology*, 68（7）, 1426–1441.

Ho, C. S. H., Ng, T. T. & Ng, W. K.（2003）. A "radical" approach to reading development in Chinese: The role of semantic radicals and phonetic radicals. *Journal of Literacy Research*, 35（3）, 849–878.

Jared, D.（2002）. Spelling-sound consistency and consistency effects in word naming. *Journal of Memory and Language*, 46（4）, 723–750.

Lee, C. Y., Tsai, J. L. Kuo, W. J., Yeh, T. C., Wu, Y. T., Ho, L. T., Hung, D. L., Tzeng, O. J. -L.& Hsieh, J. C.（2004）. Neuronal correlates of consistency and frequency effects on Chinese character naming: an event-related fMRI study. *Neuroimage*, 23（4）, 1235–1245.

Linkersdörfer, J., Jurcoane, A., Lindberg, S., Kaiser, J., Hasselhorn, M., Fiebach, C. J. & Lonnemann, J.（2015）. The association between gray matter volume and reading proficiency: a longitudinal study of beginning readers. *Journal of Cognitive Neuroscience*, 27（2）, 308–318.

Marslen-Wilson, W., Tyler, L. K., Waksler, R. & Older, L.（1994）. Morphology and meaning in the English mental lexicon. *Psychological Review*, 101（1）, 3–33.

Merkx, M., Rastle, K. & Davis, M. H.（2011）. The acquisition of morphological knowledge investigated through artificial language learning. *The Quarterly Journal of Experimental Psychology*, 64（6）, 1200–1220.

Moore, M. W., Brendel, P. C. & Fiez, J. A.（2014）. Reading faces: Investigating the use of a novel face–based orthography in acquired alexia. *Brain and Language*, 129, 7–13.

Pan, J., Song, S., Su, M., McBride, C., Liu, H., Zhang, Y., Li, H. & Shu, H.（2016）. On the relationship between phonological awareness, morphological awareness and Chinese literacy skills: evidence from an 8 - year longitudinal study. *Developmental Science*, 19（6）, 982–991.

Perfetti, C.（2007）. Reading ability: lexical quality to comprehension. *Scientific Studies of Reading*, 11（4）, 357–383.

Perry, C., Ziegler, J. C. & Zorzi, M.（2007）. Nested incremental modeling in the development of computational theories: The CDP+ model of reading aloud. *Psychological Review*, 114（2）, 273–315.

Plaut, D. C. & Gonnerman, L. M.（2000）. Are non-semantic morphological effects incompatible with a distributed connectionist approach to lexical processing? *Language and Cognitive Processes*, 15（4–5）, 445–485.

Plaut, D. C., McClelland, J. L., Seidenberg, M. S. & Patterson, K.（1996）. Understanding normal and impaired word reading: Computational principles in quasi-regular domains. *Psychological Review*, 103（1）, 56–115.

Powell, D., Plaut, D. & Funnell, E.（2006）. Does the PMSP connectionist model of single word reading learn to read in he same way as a child? *Journal of Research in Reading*, 29（2）, 229–250.

Pritchard, S. C., Coltheart, M., Marinus, E. & Castles, A.（2016）. Modelling the implicit learning of phonological decoding from training on whole-word spellings and pronunciations. *Scientific Studies of Reading*, 20（1）, 49–63.

Pugh, K. R., Frost, S. J., Sandak, R., Landi, N., Rueckl, J. G., Constable, R. T., Seidenberg, M. S., Fulbright, R. K., Katz, L. & Mencl, W. E.（2008）. Effects of stimulus difficulty and repetition on printed word identification: An fMRI comparison of nonimpaired and reading-disabled adolescent cohorts. *Journal of Cognitive Neuroscience*, 20（7）, 1146–1160.

Ricketts, J., Davies, R., Masterson, J., Stuart, M. & Duff, F. J.（2016）. Evidence for semantic involvement in regular and exception word reading in emergent readers of English. *Journal of Experimental Child Psychology*, 150, 330–345.

Rueckl, J. G. & Dror, I. E.（1994）. The effect of orthographic-semantic consistency on the acquisition of new words. In C. Umilta & M. Moscovitch （Eds.） *Attention and Performance*, XV （pp. 571–588）. Hillsdale, NJ: Erlbaum.

Rueckl, J. G. & Raveh, M. （1999）. The influence of morphological regularities on the dynamics of a connectionist network. *Brain and Language*, 68（1–2）, 110–117.

Sandak, R., Mencl, W. E., Frost, S. J., Rueckl, J. G., Katz, L., Moore, D. L., Mason, S. A., Fulbright, R. K., Constable, R. T. & Pugh, K. R. （2004）. The neurobiology of adaptive learning in reading: A contrast of different training conditions. *Cognitive, Affective, & Behavioral Neuroscience*, 4（1）, 67–88.

Seidenberg, M. S. （2011）. Reading in different writing systems: One architecture, multiple solutions. In P. McCardle, B. Miller, J. Lee & O. Tzeng （Eds.）, *Dyslexia Across Languages: Orthography and the Brain-Gene-Behavior Link* （pp. 151–174）. Baltimore, MD: Paul H. Brookes Publishing.

Seidenberg, M. S. & McClelland, J. L. （1989）. A distributed, developmental model of word recognition and naming. *Psychological Review*, 96（4）, 523–568.

Seymour, P. H., Aro, M. & Erskine, J. M. （2003）. Foundation literacy acquisition in European orthographies. *British Journal of Psychology*, 94（2）, 143–174.

Share, D. L. （1995）. Phonological recoding and self-teaching: Sine qua non of reading acquisition. *Cognition*, 55（2）, 151–218.

Share, D. L. （1999）. Phonological recoding and orthographic learning: A direct test of the self-teaching hypothesis. *Journal of Experimental Child Psychology*, 72（2）, 95–129.

Shu, H., Anderson, R. C. & Wu, N. （2000）. Phonetic awareness: Knowledge of orthography-phonology relationships in the character acquisition of Chinese children. *Journal of Educational Psychology*, 92（1）, 56–62.

Shu, H., Chen, X., Anderson, R. C., Wu, N. & Xuan, Y. （2003）. Properties of school Chinese: implications for learning to read. *Child Development*, 74（1）, 27–47.

Snodgrass, J. G. & Vanderwart, M. （1980）. A standardized set of 260 pictures:

norms for name agreement, image agreement, familiarity, and visual complexity. *Journal of Experimental Psychology: Human Learning and Memory*, 6（2）, 174–215.

Squire, L. R. （1992）. Declarative and nondeclarative memory: Multiple brain systems supporting learning and memory. *Journal of Cognitive Neuroscience*, 4（3）, 232–243.

Strain, E., Patterson, K. & Seidenberg, M. S. （1995）. Semantic effects in single-word naming. *Journal of Experimental Psychology: Human Learning and Memory*, 21（5）, 1140–1154.

Taft, M. & Forster, K. I. （1975）. Lexical storage and retrieval of prefixed words. *Journal of Verbal Learning and Verbal Behavior*, 14（6）, 638–647.

Taylor, J. S., Davis, M. H. & Rastle, K. （2017）. Comparing and validating methods of reading instruction using behavioural and neural findings in an artificial orthography. *Journal of Experimental Psychology: General*, 146（6）, 826–858.

Taylor, J. S., Plunkett, K. & Nation, K. （2011）. The influence of consistency, frequency, and semantics on learning to read: an artificial orthography paradigm. *Journal of Experimental Psychology: Human Learning and Memory*, 37（1）, 60–76.

Treiman, R. & Kessler, B. （2006）. Spelling as statistical learning: Using consonantal context to spell vowels. *Journal of Educational Psychology*, 98（3）, 642–652.

Trudeau, J. J. （2006）. Semantic contributions to word naming with artificial lexicons. *Dissertations Collection for University of Connecticut*. Paper AAI3236153.

Ullman, M. T. & Pierpont, E. I. （2005）. Specific language impairment is not specific to language: the procedural deficit hypothesis. *Cortex*, 41（3）, 399–433.

Wang, H. C., Nickels, L., Nation, K. & Castles, A. （2013）. Predictors of orthographic learning of regular and irregular words. *Scientific Studies of Reading*, 17（5）, 369–384.

Xue, G., Chen, C., Jin, Z. & Dong, Q.（2006）. Cerebral asymmetry in the fusiform areas predicted the efficiency of learning a new writing system. *Journal of Cognitive Neuroscience*, 18（6）, 923–931.

Yang, J., Shu, H., McCandliss, B. D. & Zevin, J. D.（2009）. Simulating language-specific and language-general effects in a statistical learning model of Chinese reading. *Journal of Memory and Language*, 61（2）, 238–257.

Yang, J., Shu, H., McCandliss, B. D. & Zevin, J. D.（2013）. Orthographic influences on division of labor in learning to read Chinese and English: Insights from computational modeling. *Bilingualism: Language and Cognition*, 16（2）, 354–366.

Yeatman, J. D., Dougherty, R. F., Ben-Shachar, M. & Wandell, B. A.（2012）. Development of white matter and reading skills. *Proceedings of the National Academy of Sciences*, 109（44）, E3045–E3053.

Yoncheva, Y. N., Wise, J. & McCandliss, B.（2015）. Hemispheric specialization for visual words is shaped by attention to sublexical units during initial learning. *Brain and Language*, 145, 23–33.

Ziegler, J. C. & Goswami, U.（2005）. Reading acquisition, developmental dyslexia, and skilled reading across languages: A psycholinguistic grain size theory. *Psychological Bulletin*, 131（1）, 3–29.

| 第三部分 |

阅读障碍

发展性阅读障碍的本质是受遗传影响的神经发育性障碍进而导致认知缺陷从而影响文字阅读能力获得的一种儿童中常见的学习障碍。因此，阅读障碍的研究离不开探讨语音加工、文字阅读和神经缺陷，本书第一部分介绍的是语音加工的研究，第二部分介绍的是文字阅读的研究，第三部分介绍两项阅读障碍的神经缺陷的研究。

第三部分内容主要介绍2012—2018年间我在阅读障碍领域的一些研究工作和思考。我对阅读障碍的研究有很深的情结，因为我的硕士导师舒华教授是研究汉语儿童阅读障碍的专家。我从舒华老师的实验室开始接触科学研究，因此我对科学研究最原始的兴趣也始于对阅读障碍研究的兴趣。后来我到美国读博士，选择了Haskins实验室，也是看中了Haskins实验室在阅读障碍研究领域深厚的积累。但是遗憾的是，由于各种各样的原因，我一直没有机会直接领导和完成一项阅读障碍的研究，这也是我从2004年到2012年8年间一直耿耿于怀的一件心事。2012年春天，在美国康涅狄格州的小镇，我基本完成了博士论文的研究工作，并开始考虑博士毕业后的打算。最后我决定去做博士后训练，并且一定要做与阅读障碍相关的博士后训练。

我随后联系了全世界所有正在做阅读障碍的实验室，最终我接受了巴黎高师Franck Ramus教授的邀请，去巴黎进行阅读障碍的研究。彼时的2012年，阅读障碍研究最热门的方向是神经缺陷的研究，并且其中最前沿的课题即我的法国导师正在进行的阅读障碍的脑白质缺陷研究。我在去巴黎之前对脑白质的分析方法一无所知，在巴黎一切从头学起，经过一年半艰苦的博士后研究，我终于完成了自己的第一项阅读障碍神经缺陷的研究工作，首次发现了阅读障碍两条腹侧和背侧脑白质纤维通路的偏侧化异常，为阅读障碍的脑偏侧化缺陷提供了进一步的证据。这项研究于2016年发表于*Cortex*（76, 51-62）。在巴黎进行第一项研究的同时，我已经发现了脑网络研究的逐渐兴起，并意识到其对于疾病研究的重要意义，因此，2016年回国后立即带领我的第一届硕士研究生，利用我们现有的法国阅读障碍儿童的数据开展了脑网络缺陷的研究。这项研究是阅读障碍领域的第一项脑白质网络缺陷的研究，我们的研究发现发展性阅读障碍的脑白质网络缺陷主要集中在听觉语音区域，研究在脑网络层面为阅读障碍的语音缺陷假设提供了直接证据，相关的研究成果发表于*Human Brain Mapping*（40，505-516）。这两项研究对我深入理解阅读障碍的脑认知表型具有重要意义，为我后续在国内开展汉语阅读障碍的认知和神经缺陷研究积累了很多经验。

第五章　阅读障碍的脑白质纤维缺陷

本章内容介绍我在巴黎高师从事博士后工作的主要研究成果。研究采用高角度弥散张量成像和球形卷积追踪技术，对法语阅读障碍儿童和与其年龄匹配的控制组儿童（9~14 岁）进行大脑纤维连接度和四条主要的纤维通路偏侧化模式进行测量和对比。与年龄匹配的控制组相比，阅读障碍儿童在额枕下束表现出左偏侧化的减少，在上纵束中段表现出右偏侧化的增加。额枕下束和上纵束中段的偏侧化模式同时解释了阅读障碍儿童阅读能力的个体差异。

这项研究的发现和发表都几经周折。最开始这项研究在我的法国导师 Franck Ramus 教授的建议下采用的分析方法是传统的纤维追踪分析，但是得到的追踪结果并不能让我们满意，于是半年后我提出使用高角度弥散成像球形卷积技术进行追踪，并得到了如前所述的一些新的研究发现。但是这种先进的追踪技术在阅读障碍领域是首次使用，并且我们用这种先进的追踪技术无法重复出之前其他实验室使用传统方法所得到的结果，因此在将研究结果发表的过程中受到了很多非难，无奈之下，我们又用传统的分析方法做了很多验证性的工作，最终才让这项研究与世人相见。也是这项研究让我体会到在科学研究中推陈出新的难度，挑战传统永远不是一件易事，但是科学研究变革性的进步也正是由这些挑战所组成的。事实证明，这项研究从 2016 年发表在 *Cortex*（76, 51-62）以来，得到了广泛的关注，引用率一直在不断增长。

第一节　阅读障碍的脑白质缺陷

发展性阅读障碍是儿童中常见的一种学习障碍，发展性阅读障碍儿童智力水平和教育机会正常，但流畅阅读技能的获得存在严重困难（Lyon et al., 2003）。流行病学的调查显示其发生率约占总人口的3% ~7%（Lindgren et al. , 1985）。越来越多的研究认为，阅读障碍是一种受遗传影响的神经发育性障碍,遗传和神经缺陷导致认知缺陷从而影响阅读技能的获得(Darki et al., 2012; Butterwort & Kovas, 2013）。然而，充分地了解发展性阅读障碍的病理生理学成因及其与认知缺陷和潜在遗传因素之间的联系还是一个巨大的挑战（Giraud & Ramus, 2013）。

发展性阅读障碍通常被定性为一种连接缺陷，指在与阅读相关的皮层脑区之间，尤其是左下额叶、腹侧枕颞叶和颞顶交界处的功能连接较弱（Boets et al., 2013; Horwitz, Rumsey & Donohue, 1998; Paulesu et al., 1996; Pugh et al., 2000）。近期一项关于阅读障碍 PET 和 fMRI 研究的元分析表明，阅读障碍可能与左半球多个功能失调的系统有关，主要体现在：（1）分布在左半球区域，横跨下额叶、前运动区、缘上回和颞枕皮层的活动参与减少，可能与阅读的视觉—语音加工有关，（2）背侧额顶网络（左顶叶和前运动皮层）活动参与减少，可能与运动或视觉空间知觉和注意有关（Paulesu, Danelli, & Berlingeri, 2014）。弥散张量成像（DTI）研究部分支持了以上研究结果，即颞顶区和额叶白质通路连接减少（Deutsch et al., 2005; Klingberg et al., 2000; Rimrodt, Peterson, Denckla, Kaufmann & Cutting, 2010; Vandermosten, Boets, Poelmans, et al., 2012; Vandermosten, Boets, Wouters & Ghesquiere, 2012）。

然而，过去研究中使用的传统 DTI 方法都表现出该方法在处理交叉纤维时的局限（Vanderauwera, Vandermosten, Dell’Acqua, Wouters, &Ghesquière, 2015; Wandell & Yeatman, 2013）。例如，很难清楚地说

明阅读障碍个体额顶区域的连接度降低究竟是由于连接度或髓鞘化降低还是在某些多纤维交叉的区域增加了纤维朝向所致。标准追踪算法的另一缺陷是其通常无法分辨邻近的纤维，如弓形束和上纵束。此前关于阅读障碍的研究把一些连接度的差异归于弓形束，有时仅仅基于概率图谱（如 Deutsch et al., 2005; Klingberg et al., 2000），有时以弓形束的实际重构为依据（Saygin et al., 2013; Vandermosten, Boets, Poelmans, et al., 2012; Yeatman, Dougherty, Ben-Shachar & Wandell, 2012; Yeatman et al., 2011），但是不论哪种方法都没有同时考虑上纵束。至关重要的是，弓形束和上纵束连接着不同的脑区，并且它们在发展性阅读障碍的作用可能会有不同的解释。

此外，临床研究（Orton, 1937; Witelson, 1977）、功能像（Lehongre, Morillon, Giraud & Ramus, 2013; Lehongre, Ramus, Villiermet, Schwartz, & Giraud, 2011; Richlan, Kronbichler &Wimmer, 2011）、解剖学以及特定皮层区域的影像学（Altarelli et al., 2014; Galaburda, Sherman, Rosen, Aboitiz & Geschwind, 1985）研究均表明，发展性阅读障碍与脑偏侧化异常有关。皮层功能激活异常的半球偏侧化可能与白质通路结构异常的半球偏侧化有关。然而，该假设只在成人阅读障碍者的弓形束中得以证实（Vandermosten, Poelmans,Sunaert, Ghesquiere & Wouters, 2013）。对阅读障碍而言，是否其他的白质通路诸如与阅读技能相关的腹侧通路（Vandermosten, Boets, Poelmans, et al., 2012; Yeatman et al., 2012）也具有异常的偏侧化模式还有待进一步研究。

本研究试图克服传统 DTI 分析方法的局限，通过优化的弥散成像参数，系统地探究与阅读和阅读障碍有关的重要白质通路的连接度与偏侧化模式（弓形束：Arcuate Fasciculus，AF；上纵束：Superior Longitudinal Fasciculus，SLF；额枕下束：Inferior Frontal Occipital Fasciculus，IFOF；下纵束：Inferior Longitudinal Fasciculus，ILF）（Rimrodt et al., 2010; Saygin et al., 2013; Vandermosten, Boets, Wouters, et al., 2012; Yeatman et al., 2011; Yeatman et al., 2012）。

第二节　阅读障碍的脑白质纤维缺陷实证研究

一、被试

32 名阅读障碍儿童与 32 名正常发育的儿童参与了该研究。被试的年龄范围从 109~169 个月（9~14 岁）。所有的儿童母语都是法语，视听能力正常。阅读障碍儿童临床上是指阅读和语言能力存在困难的儿童。诊断标准排除脑损伤史、精神病史或者其他的认知障碍。此外，阅读障碍儿童必须晚于正常文本阅读年龄 18 个月 [基于 Alouette 测试的正确率和速度（Lefavrais, 1967）]，但是正常被试不能晚于正常文本阅读年龄 12 个月。两名障碍儿童在数据收集期间，由于扫描参数不正确被剔除。一名障碍被试和控制组儿童由于未完成弥散成像数据也被剔除。三名障碍儿童韦氏智力测验的非言语智力分数低于 80 分而未纳入统计分析（Wechsler, 2005）。对剩余的 26 名阅读障碍儿童和 31 名控制组儿童的年龄、性别、利手和非言语智力分数分别进行了匹配（参见表 5.1）。本研究获法国比赛特医院伦理委员会批准，被试及其父母享有知情同意权。之前已有研究对同一批被试的灰质体积、皮质厚度以及颞平面的偏侧化（Altarelli et al., 2013, 2014; Jednoróg et al., 2015）以及控制组被试的社会经济地位对其脑解剖的影响（Jednorog et al., 2012）进行分析。

二、行为测验

对被试实施一系列的行为测试来测查其智商、言语和阅读能力。用韦氏儿童智力量表中的方块、矩阵、相似性和理解分测验测量被试的智力

（Wechsler, 2005）。用Alouette测验（Lefavrais, 1967）评估被试的阅读能力，该测验是一种无意义文本的阅读测试。依靠词和非词的阅读流畅性测试评估阅读的准确性和速度（Jacquier-Roux, Valdois & Zorman, 2005）。正字法技能通过词的拼写听写来评定（Martinet & Valdois, 1999）。通过音位删除任务（Sprenger-Charolles, Béchennec, Colé & Kipffer-Piquard, 2005）和首音误置测试（Bosse & Valdois, 2009）以及用来评估言语工作记忆的韦氏儿童测验数字广度分测验（Wechsler, 2005）和数字与物体的快速命名任务（Plaza and Robert-Jahier , 2006）来考察语音能力。父母的受教育水平以他们获得的最高学位记录编码，1~6分量表计分。利手取决于儿童的写字用手。行为测量数据见表5.1。

为了与大脑测量数据做相关分析，我们以平均*Z*分数定义了5个合成分数：阅读准确性（READACC）通过计算词、非词和文本阅读的正确率的平均Z分数；阅读流畅性（READFUL）通过计算词与非词的阅读速度以及文本阅读速度的平均Z分数；快速命名（RAN）为数字和物体的快速命名速度的平均Z分数；语音加工能力（PHONO）为音素删除、首音误置和数字广度任务正确率的平均Z分数；拼写能力（SPELL）就只是词语拼写测试正确率的Z分数。*Z*分数为正表示高于平均成绩。

三、成像采集与追踪分析

所有儿童都在3T-MRI系统（Tim Trio, Siemens Medical Systems, Erlangen, Germany）中完成磁共振成像测试，配有全身渐变装备（40-200T/M/S）和32通道头颅线圈。弥散加权成像序列为单次激发平面回波成像，外加并行成像，局部傅里叶采样和双极扩散梯度以降低几何失真。全脑成像的各向同性空间分辨率是$1.7 \times 1.7 \times 1.7mm^3$（矩阵大小：$128 \times 128$，视野：218mm），70个交错轴位片。测量60个均匀分布的不同的弥散方向，弥散加权的*b*值为$1400s/m^2$（重复时间：14000ms，回波时间：91ms）。为了使实验适合于儿童，60 个方向通过 3 个最优子序列获得，每个子序列分别测量 20，21 和 19 个方向（Dubois, Poupon, Lethimonnier & Le Bihan, 2006），每个子序列在空间上都尽可能地均匀分布。此外，每个子序列还分别扫描了一个没有运用渐变梯度的成像（b=0）。每个序列耗时 6 分钟，总采集时间共 18 分钟。

用 ExploreDTI（http://www. exploredti.com, Leemans & Jones, 2009）把从以上三个序列中获得的弥散加权成像的原始数据串成一个单独的数据文件。然后，对这些图像同时进行配准和头动校正以及几何失真校正。不同被试的交叉纤维在体素中的多个方向用球形卷积的阻尼 Richardson-Lucy 算法评估（Dell'Acqua et al., 2010）。算法的参数选择依据 Thiebaut de Schotten 等人在 2011 年的研究（Thiebaut de Schotten et al., 2011）。

全脑追踪分析需要在每一个纤维方向上至少选择一个大脑体素作为种子像素。从这些体素中，对每一个纤维的方向而言，使用步长为 1 毫米的欧拉积分追踪纤维（Dell' Acqua, Simmons, Williams & Catani, 2013）。当进入白质纤维束交叉区域，算法参照最小曲率向量的方向（Schmahmann et al., 2007）。当一个像素没有纤维方向到达或者两步之间的曲率超过 60 度的阈限，纤维追踪即停止。球面卷积、纤维方向向量估计和追踪用 MATLAB v7.8 内部开发的软件实现。

每个被试的纤维切割采用 TrackVis（http://www.trackvis.org, Wedeen et al., 2008）在被试的本体空间进行操作。本研究提取了四条感兴趣的纤维：额枕下束（IFOF）（Catani & Thiebaut de Schotten, 2008），下纵束（ILF）（Catani & Thiebaut de Schotten, 2008），上纵束的三部分（SLFI: 背侧，SLF II：中段，SLF III：腹侧；Thiebaut de Schotten et al., 2011）以及弓形束（AF）的三部分（额叶—顶叶的长段 LS，颞叶—顶叶的后段 PS，额叶—顶叶的前段 AS；Catani, Jones, & Ffytche, 2005）。

为了自动化分割纤维，兴趣区在 FMRIB（FSL, http://www.fmrib.

ox.ac.uk/fsl/）提供的 MNI152 模板上定义。将对每个被试使用球形卷积算法计算出与部分各向异性（Fractional Anisotropy, FA）相似但独立于交叉纤维的白质的对比图，命名为收敛图（Convergence maps; Dell'Acqua et al., 2006）。然后，用先进的标准化工具（ANTs, http://www.picsl.upenn.edu/ANTS/），将仿射与微分同胚变形（Avants, Epstein, Grossman & Gee, 2008; Klein et al., 2009）结合起来，将每个被试的收敛图在 MNI152 模板上进行配准。然后通过反变形将与 MNI152 模板配准好的兴趣区带到每个被试的本体空间中去。

纤维束的解剖经由两名解剖师（JZ 和 MTS）在每个被试的本体大脑空间进行验视和校正。提取出每条解剖通路的阻滞调节各向异性分数（Hinderance-modulated oriented anisotropy, HMOA, Dell'Acqua et al.，2013）作为纤维密度和连接度的测量结果，代表沿每条纤维方向的弥散特征。HMOA 的优势在于其可以具体到每条纤维的方向，因此比传统 DTI 的各向异性分数（FA）更精确，可以降低由于纤维交叉所致的部分容积效应（Dell' Acqua et al.，2013; Dubois et al.，2014）。引入每个被试全脑 HMOA 测量的平均值作为协变量，便于把个体间在 HMOA 上的差异（如与被试年龄有关的）与特定纤维束的差异区分出来。

四、数据分析

数据的统计分析使用 SPSS 软件。被试特征和行为测验的组间差异通过独立样本 t 检验或者卡方检验完成。关于白质通路的连接度，使用重复测量方差分析在额枕下束、下纵束、上纵束和弓形束之间独立分析，每条通路的平均 HMOA 测量值作为因变量，组别（障碍组 vs 控制组）和性别（男 vs 女）作为被试间变量，半球（左 vs 右）作为被试内变量。对弓形束和上纵束而言，都具有三个分段，因此分段也作为第二个被试内变量进入模型。年龄、父母的教育水平、全脑的 HMOA 以及头动参数作为协变量进入模型。纤维束的多重比较进行 FDR（False Discovery Rate）校正（Benjamini & Hochberg, 1995），因此结果部分，我们报告了未经纠正的 p 值并与 FDR 更正后的 α 阈限，即 q 值进行了对比。

对显著的组别和半球间的交互作用，我们进一步做 HMOA 偏侧化指数（HMOA LI）的组间差异检验进行证实 [HMOALI =（right HMOA–left HMOA）/（right HMOA+ left HMOA）；偏侧化指数为负值表示纤维的 HMOA 左侧化，指数为正代表 HMOA 右侧化，偏侧化指数接近于零说明无偏侧化]。偏侧化指数的组间差异的检验使用一般线性模型，以 HMOA 偏侧化指数为因变量，组别与性别为自变量，年龄、父母的受教育水平与头动参数均作为协变量。同时，使用单样本 t 检验分别对控制组与障碍组的 HMOA 偏侧化指数与零相互比较。当发现某条纤维的偏侧化组间差异明显，则分别在控制组和实验组中进行偏侧化指数与行为测验（READACC、READFUL、RAN、PHONO 和 SPELL）的偏相关检验，控制性别、父母教育水平与头动参数。结果进行多重测验的 FDR 校正。

五、结果

（一）人口学变量与行为结果

两组被试的人口学变量与行为测量结果的描述性统计信息见表 5.1。年龄、性别、利手与非言语智商没有组间差异。两组被试的母亲受教育水平也是匹配的。但是，障碍儿童比控制组被试的父亲受教育水平高。与预期相同，阅读障碍儿童在所有的文字和语音技能，包括言语智商的测试分数均比控制组表现差。

表 5.1　人口学变量、行为测验和大脑测量得分

	控制组儿童		阅读障碍儿童		统计检验
	人数	平均数(标准差)	人数	平均数(标准差)	
个体特征					
性别(男/女)	31	18/13	26	13/13	χ^2(1)=0.371, p=0.543
利手(左/右)	31	2/29	26	3/23	χ^2(1)=0.457, p=0.499
年龄(年)	31	11.49(1.36)	26	11.61(1.31)	t(55)=-0.320, p=0.751
母亲受教育水平	31	2.65(1.38)	26	3.08(1.80)	t(55)=-1.029, p=0.308
父亲受教育水平	31	2.52(1.61)	26	3.62(1.92)	t(55)=-0.2352, p=0.022
非言语智力	31	110.29(17.09)	26	106.00(5.69)	t(55)=0.980, p=0.332
言语智力	31	123.84(18.70)	26	107.88(18.22)	t(55)=3.246, p=0.002
阅读年龄(月)	31	145.94(18.65)	26	87.27(11.43)	t(55)=13.979, $p < 0.0001$
行为测验					
单词阅读正确率(/20)	31	18.65(1.64)	25	10.52(4.33)	t(54)=9.650, $p < 0.0001$
单词阅读时间(秒)	31	15.30(4.00)	25	65.68(39.45)	t(54)=-7.082, p<0.0001
假词阅读正确率(/20)	31	17.45(1.73)	25	11.36(3.37)	t(54)=8.759, p<0.0001
假词阅读时间(秒)	31	22.00(5.37)	25	57.80(34.81)	t(54)=-5.656, p<0.0001
文本阅读正确率	31	96.41(2.02)	24	77.81(17.78)	t(53)=5.791, p<0.0001
文本阅读速度(3分钟读词个数)	31	397.88(67.52)	24	112.73(80.55)	t(53)=14.277, p<0.0001

续表

	控制组儿童		阅读障碍儿童		统计检验
	人数	平均数(标准差)	人数	平均数(标准差)	
拼写(%)	31	82.75(13.77)	26	37.94(20.18)	$t(55)=9.922$, $p<0.0001$
音位删除(/24)	31	22.97(1.38)	26	17.89(4.77)	$t(55)=5.667$, $p<0.0001$
首音置换(/12)	31	7.83(2.56)	24	2.29(2.73)	$t(53)=7.679$, $p<0.0001$
数字广度(WISC)	31	10.87(2.68)	26	6.58(2.18)	$t(55)=6.554$, $p<0.0001$
数字快速命名(秒)	31	21.33(3.19)	26	32.60(7.62)	$t(55)=-7.493$, $p<0.0001$
物体快速命名(秒)	31	35.86(6.92)	26	51.23(9.52)	$t(55)=-7.043$, $p<0.0001$
大脑测量					
平均各向异性(meanHMOA)	31	.474(.012)	26	.473(.016)	$t(55)=.249$, $p<0.804$
头动参数	31	4.239(1.378)	26	4.936(2.413)	$t(55)=-1.365$, $p<0.178$

白质通路的组间差异

两组被试的全脑 HMOA 和头部运动参数没有表现出任何组间差异，见表 5.1。一个有代表性的被试左半球路径的例子示于图 5.1。图 5.1 也呈现了两组被试的每条路径及其子部分的 HMOA 的平均值和偏侧化指数。

统计分析发现额枕下束（IFOF）上存在半球和组间的交互作用 [$F(1, 49)=5.950$, $p=0.018<$ FDR-corrected $q^*=0.025$，$\eta^2_p=.108$]，阅读障碍儿童右脑 IFOF 的 HMOA 比控制组高 [$F(1,49)=4.012$, $p=0.051$, Cohen's d=0.5446]。统计分析还发现在整个上纵束上存在半球和组间的交互作用 [$F(1,49)=6.211$, $p=0.016<$ FDR-corrected, $q^*=0.025$, $\eta^2_p=0.113$]，单独检验上纵束三个部分的作用，发现这种效应主要来自上纵束第二段 [$F(1,49)=6.816$, $p=0.012<$ FDR-corrected $q^*=0.017$，$\eta^2_p=0.122$]。半球

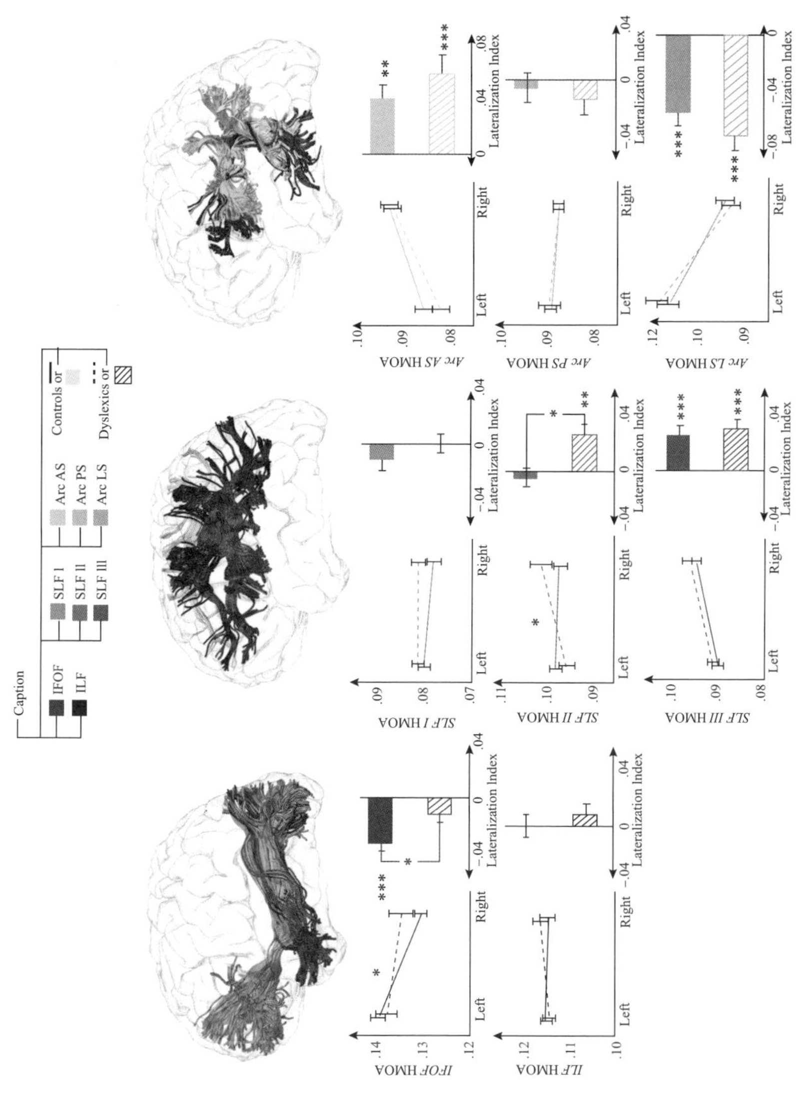

图 5.1　一个代表被试的大脑纤维示意图：额枕下束（IFOF）、下纵束（ILF）、上纵束的三个分段（SLF I, SLF II, SLF III）和弓形束的三个分段（Arc AS, Arc PS, and Arc LS）及平均的左脑和右脑的 HMOA 连接度值和偏侧化指标 [LI =（右脑 HMOA- 左脑 HMOA）/（右脑 HMOA + 左脑 HMOA）]。负 LI 值代表左侧化，正 LI 值代表右侧化，LI 值接近于零代表无偏侧化。$^{***}p < 0.0005$; $^{**}p < 0.005$; $^{*}p < 0.05$

内的分析表明右侧上纵束作为一个整体，组间差异显著，阅读障碍儿童比控制组的 HMOA 高 [F（1,49）=7.241, p =0.010 < FDR-corrected q^* =0.025, Cohen’s d=0.7316]。

额枕下束与上纵束第二段偏侧化指数的组间差异的统计分析证实了半球与组别的交互作用，相比控制组，阅读障碍组在额枕下束上左侧化更少 [F（1,50）=5.706, p =0.042, Cohen’s d =0.6364; 障碍组 LI：t = −1.778, p=0.088; 控制组 LI：t =−5.837, p <0.0001]，在上纵束第二段则更偏右侧化 [F（1, 50）= 6.464, p=0.014, Cohen’s d=0.6748; 障碍组 LI：t=3.426, p=0.002; 控制组 LI：t=−0.722, p=0.476]。没有发现组别效应或者组别与其他变量的交互作用。

（三）白质通路偏侧化与行为测验的相关分析

我们进一步对两组被试分别检验了额枕下束和上纵束第二段与五个行为测验之间的相关。皮尔逊偏相关主要集中在障碍组（见表 5.2）。在阅读障碍组，两个相关通过了 FDR 校正（p < FDR-corrected q^* =0.005）：额枕下束越偏右侧化，阅读（r = −0.599, p=0.0016, R^2 =0.3585）和拼写（r =0.586, p=0.0017, R^2=0.3435）的准确性越差。类似的相关趋势还出现在阅读障碍儿童的上纵束第二段的偏侧化指数与阅读准确性之间（r =0.363, p=0.0744, R^2=0.1318）。控制组中，上纵束二段的偏侧化指数与阅读（r =0.311, p=0.0884, R^2=0.0967）和拼写（r=0.386, p=0.0319, R^2=0.1491）的准确性之间呈负相关。但是，上纵束二段的相关没有通过 FDR 校正。图 5.2 显示了在控制性别、年龄、父母教育水平和头动参数之后额枕下束和上纵束第二段的偏侧指数与五种行为测量结果的皮尔逊相关散点图。

表 5.2　阅读障碍儿童和正常儿童在额枕下束（IFOF）和上纵束（SLF II）的偏侧化指标（LI）与行为指标（阅读准确性、阅读流畅性、拼写能力、快速命名速度和语音加工能力）的皮尔逊偏相关结果（控制性别、年龄、和父母受教育水平和头动）。$^{**}p<0.005$（通过 FDR 校正），$^{*}p<0.05$，$^{\#}p<0.10$

		阅读准确性	阅读流畅性	拼写	快速命名	语音加工能力
IFOF_LI	障碍组	$r=-0.599^{**}$	$r=-0.157$	$r=-0.586^{**}$	$r=-0.303$	$r=0.278$
		$p=0.0016$	$p=0.4529$	$p=0.0017$	$p=0.1328$	$p=0.1691$
	控制组	$r=0.022$	$r=0.062$	$r=-0.143$	$r=0.069$	$r=-0.019$
		$p=0.9048$	$p=0.7388$	$p=0.4443$	$p=0.7126$	$p=0.9178$
SLF II_LI	障碍组	$r=-0.363^{\#}$	$r=0.140$	$r=-0.242$	$r=-0.116$	$r=-0.080$
		$p=0.0744$	$p=0.5061$	$p=0.2338$	$p=0.5732$	$p=0.6963$
	控制组	$r=-0.311^{\#}$	$r=-0.022$	$r=-0.386^{*}$	$r=0.172$	$r=-0.140$
		$p=0.0884$	$p=0.9057$	$p=0.0319$	$p=0.3557$	$p=0.4512$

六、验证分析

因为球形卷积追踪技术是一种相对新颖的方法，并且在之前的阅读障碍研究中尚未使用，因此我们进行了一系列的验证分析以评估该方法的稳定性。

（一）剔除 5 名左利手被试之后的统计分析

为消除左利手对实验结果的混淆，剔除 5 名左利手之后，依然证实了下纵束和上纵束的显著效应和趋势，甚至大部分情况下的 p 值更低。

（二）上纵束白质偏侧化分析

为了与之前使用 SD 追踪技术解剖上纵束（在正常成人被试；Thiebaut de Schotten et al.，2011）的白质体积偏侧化研究相对比，我们分别测量了上纵束三段的白质体积的偏侧化指数。我们发现上纵束第三段在两组被试中都出现了很强的右侧化（控制组：LI $=0.38\pm0.136$, $t=15.420$, $p<0.0001$；障碍组：LI $=0.31\pm0.148$, $t=10.698$, $p<0.0001$），然而上纵束的第一段和第二段却不是这样（SLF I 控制组：LI $=-0.028\pm0.146$, $t=-1.074$,

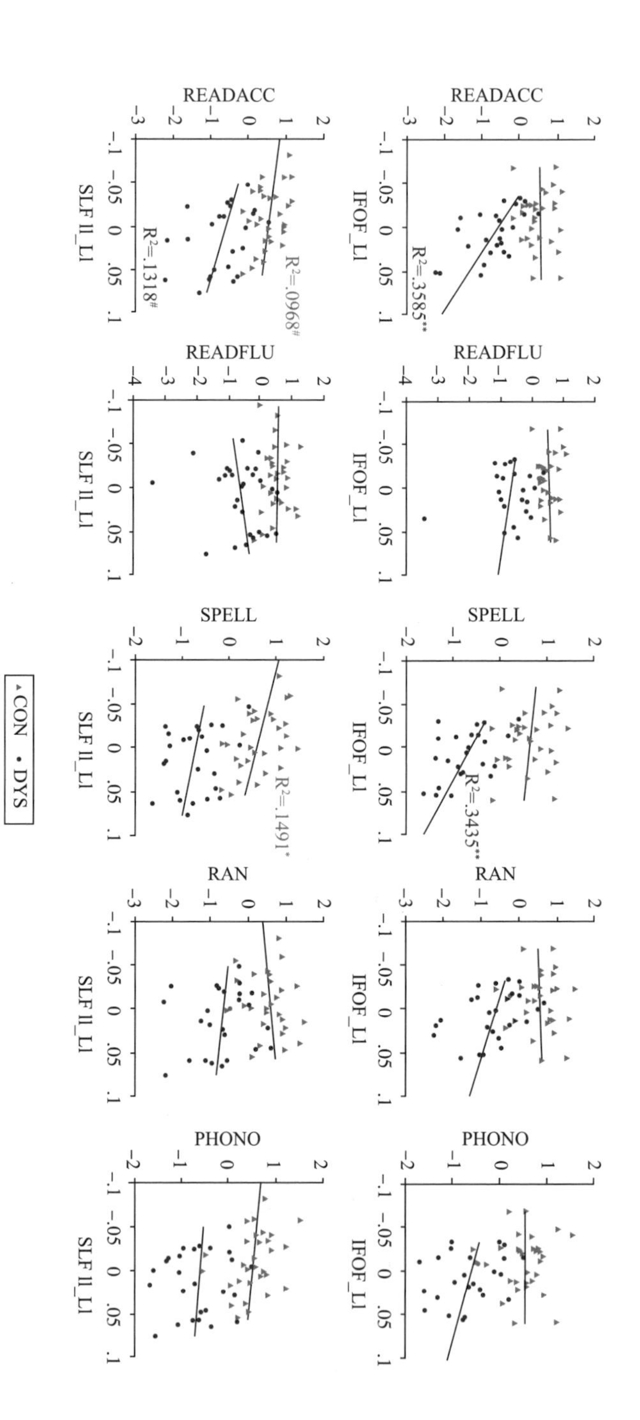

图 5.2 阅读障碍儿童（DYS）和正常儿童（CON）在额枕下束（IFOF）和上纵束（SLF II）的偏侧化指标与行为指标[阅读准确性（READACC）、阅读流畅性（READFLU）、拼写能力（SPELL）、快速命名速度（RAN）和语音加工能力（PHONO）]的皮尔逊偏相关结果（控制性别、年龄、父母受教育水平和头动）的散点图。$^{**}p<0.005$（通过 FDR 校正），$^{*}p<0.05$，$^{\#}p<0.10$

p=0.291; 障碍组：LI=−0.036 ± 0.119, t = −1.555, p =0.133; SLF II 控制组：LI= 0.009 ± 0.17, t=0.300, p > 0.5; 障碍组：LI = −0.013 ± 0.11, t = −0.572, p > 0.5）。因此，我们的被试样本中上纵束白质体积偏侧化的结果与 Thiebaut de Schotten 等人在 2011 年在成年样本中所报告的结果是吻合的。上纵束的白质体积偏侧化指标在控制组与实验组间未见任何组间差异。

（三）传统 DTI 模式对弓形束的 FA 分析

令我们意外的是，左弓形束的 HMOA 分析未见组间差异，因为早期的研究，不论是基于体素的方法（Deutsch et al., 2005; Klingberg et al., 2000）还是追踪的方法（Rimrodt et al., 2010; Vandermosten, Boets, Poelmans, et al., 2012）都表明阅读障碍在该区域是存在问题的。Vanderauwera 等人在 2015 年报告了 HMOA 和 FA 在一组年龄较小的儿童中结果不一致的情况。为了验证我们的阅读障碍儿童样本是否比年龄匹配的控制组在弓形束上的 FA 值更低，我们进行了追踪分析并且根据 Explore DTI 中的标准 DTI 模式计算了 FA 值。追踪的参数选择依据 2014 年 Thiebaut de Schotten、Cohen、Amemiya、Braga 和 Dehaene 所做的研究。全脑追踪通过 TrackVis 实现。在 HMOA 分析时定义相同的兴趣区，用 TrackVis 把弓形束切成三段。计算每个半球弓形束每一段平均的 FA 值。由于标准 DTI 分析常见的问题（如 Catani et al., 2007; Vandermosten, Boets, Poelmans, et al., 2012; Yeatman et al., 2011），15 个被试的弓形束的无法重构（8 个是右侧长段，4 个是左侧前段，2 个是左侧后段，1 个是左侧长段）。用与 HMOA 分析相同的一般线性模型来分析剩下被试（20 个障碍被试和 23 个控制被试全脑分析；23 个障碍被试和 27 个控制被试对左半球进行事后分析；23 个障碍被试和 26 个控制被试对右半球进行事后分析）弓形束的 FA 值。

统计分析表明障碍儿童比控制组被试的 FA 值更低 [控制组：0.457 ± 0.01, 障碍组：0.452 ± 0.01; F（1, 35）= 2.978, p=0.093]，并且半球和组

别在整个弓形束交互作用显著 [F（1,35）=11.909, p= 0.001, η^2_p=0.254]，组别与各部分无交互作用。弓形束在每个半球内的事后分析发现了左半球上显著的组别效应：阅读障碍儿童比控制组的 FA 值更低 [控制组：0.460 ± 0.016，障 碍 组：0.450 ± 0.014; F（1, 42）= 5.254, p=0.027, Cohen's d=0.6666]，但是在右半球上却无显著差异 [控制组: 0.450 ± 0.015，障碍组: 0.454 ± 0.014; F（1, 41）< 1]。

为了评估 FA 的偏侧化值与 Catani 等人在 2007 年对正常成年人和 Vandermosten 等人在 2013 年对成年阅读障碍者与正常被试的对比研究结果是否一致，我们还计算了弓形束每一部分 FA 的偏侧化值。同时，还分别对控制组和障碍组被试的每个偏侧化指数与零做了单样本 t 检验。与 HMOA 的偏侧化模式相似（控制组前段 HMOA LI：t =3.325, p=0.002; 障碍组前段 HMOA LI：t= 4.545, p=0.0001; 控制组长段 HMOA LI: t =−5.975, p <0.0001; 障碍组长段 HMOA LI: t =−6.784, p <0.0001；见图 5.1），我们的 FA 结果表明弓形束的前段（AS）偏右侧化（控制组： LI =0.0159 ± 0.034, p =0.019; 障碍组： LI =0.035 ± 0.033, p <0.0001），但是弓形束的长段（LS）却偏左侧化（控制组： LI =−0.0215 ± 0.026, p <0.0001; 障碍： LI =−0.020 ± 0.028, p=0.002）。弓形束后段（PS）偏左侧化只出现在控制组中（控制组 : LI =−0.0179 ± 0.035, p=0.01; 障碍组： LI=0.005 ± 0.038, p >0.5）。弓形束前段和长段的部分，其 FA 偏侧化模式与 Catani 等人在成年人样本中报告的结果相符。对障碍组和控制组的每个 FA 偏侧化值进行了独立样本 t 检验，结果发现：在弓形束的前段障碍组比控制组更偏右侧化（t = 2.086, p=0.042, Cohen's d =0.5701）；在弓形束的后段障碍儿童表现出不同于控制组的偏侧化模式（t= 2.289, p=0.026, Cohen's d=0.6269），只有控制组出现偏左侧化；两组被试在弓形束的长段并未表现出差异（t= 0.182, p >0.5），都表现偏左侧化。因此，尽管我们的结果重复出了之前弓形束的偏侧化模式，但在较长的部分并未重复 Vandermosten

等人在成人样本中发现的组间差异。

第三节　阅读障碍的脑白质纤维缺陷

本研究中，我们发现了与阅读相关的两条重要的白质纤维（额枕下束和上纵束第二段）在阅读障碍被试中异常的偏侧化模式，这些偏侧化模式还与阅读障碍儿童的文字读写能力相关。研究结果为发展性阅读障碍额—枕连接与额—顶连接的偏侧化提供了证据。

本研究取得了在发展性阅读障碍上的重大方法学突破，优于之前的弥散张量成像研究。高弥散加权（b=1400 sec/mm^2）与高角度（60 个方向）和高空间分辨率（1.7mm）相结合，允许我们第一次使用高水平的球形卷积追踪技术来研究发展性阅读障碍的白质纤维连接完整度。该方法最主要的优点是提供了纤维交叉处的分辨率以及每根特定纤维的纤维连接完整度测量（阻滞调节各向异性分数，HMOA）。这种方法学的优势让我们有机会首次在阅读障碍群体中考察上纵束及其子部分的纤维完整度，系统地研究阅读障碍患者主要纤维通路的半球偏侧化模式。

偏侧化模式主要的研究结果是发现阅读障碍与控制组儿童在两条纤维上存在差异：额枕下束与上纵束第二段。具体说来，阅读障碍儿童在额枕下束上比控制组的左侧化更弱，在上纵束第二段更偏右侧化（控制组儿童在上纵束第二段并没有出现半球偏侧化差异），这些异常的偏侧化模式还与阅读障碍儿童的读写能力相关。结果与一直以来有关阅读障碍存在异常脑偏侧化模式的观点相符（Galaburda et al., 1985; Orton, 1937; Witelson, 1977）。

具体而言，之前对成年人额枕下束的研究工作表明左额枕下束的完整性与正字法加工有关（Vandermosten, Boets, Poelmans, et al., 2012）。结合其他的研究，表明左额枕下束涉及语义的加工（Duffau et al., 2005; Han et al., 2013; Turken & Dronkers, 2011），该纤维可能是直接的正字法结构到由计算机和神经生物模型所定义的语义阅读通路的结构基础（Coltheart, Rastle, Perry, Langdon & Ziegler, 2001; Pugh et al., 2001; Schlaggar & McCandliss, 2007; Seidenberg & McClelland, 1989）。因此，阅读障碍儿童在额枕下束更弱的偏左侧化很可能反映直接阅读路径的不充分发育。另一种可能是，额枕下束可能在语音解码中有关键作用（Welcome & Joanisse, 2014）。因此，不清楚额枕下束究竟是纯粹的正字法加工路径还是也参与了语音加工的过程。鉴于我们的研究结果显示了在阅读障碍被试中额枕下束的偏侧化与阅读准确性和拼写能力相关，并且与语音技能有相关趋势，很可能两种解释都正确。

至于上纵束第二段，前期对正常成人被试所做的研究揭示了视觉空间注意的作用，上纵束第二段体积越偏右侧化与等分线任务中越偏左侧化相关（Thiebaut de Schotten et al., 2011）。这暗示阅读障碍儿童在等分线任务中将比控制组儿童更偏左侧化，这与之前研究阅读障碍儿童左侧空间忽视的结果相悖（Hari, Renvall & Tanskanen, 2001; Sireteanu, Goertz, Bachert & Wandert, 2005）。这与另一个假设也矛盾，即阅读能力的获得导致在左右书写系统中视觉注意偏左（Chokron & DeAgostini, 1995; Chokron & Imbert, 1993），并且这种偏差在阅读较差的读者中会减弱（Gabay, Gabay, Schiff, Ashkenazi & Henik, 2013）。另一种说法是，上纵束第二段的偏侧化可能意味着在阅读任务中知觉广度偏右侧化（Rayner, 2009），这种效应通过在从左到右和从右到左的书写系统练习阅读来获得（Pollatsek, Bolozky, Well & Rayner, 1981）。所以，阅读障碍儿童可能表现得如同初学者（Rayner, 1986），知觉广度偏右侧化弱，上纵束第二段偏右侧化增加，进一步研究需要证实上纵束第二段在阅读获得的过程中是否逐步减少偏右侧化以达到像控制组儿童和成年人那样对称（Thiebaut de Schotten et al., 2011）。我们上纵束第二段的结果可能与近期在阅读障碍儿童中的功能连接的发现是一致的（Koyama et al., 2013），研究发现相比于正常发育的儿童，阅读障碍被试在左侧顶内沟与左侧额中回之间的功能连接更弱，顶内沟和额中回即通过上纵束第二段连接的区域。因此，阅读障碍儿童在上纵束第二段的偏侧化与阅读技能获得中额顶网络涉及的各种发现相符，但是更明确的解释则需要进一步探究。

我们在额枕下束与上纵束第二段连接度上的发现与最近对阅读障碍的 PET 和 fMRI 激活的元分析研究结果一致（Paulesu et al., 2014）。在该研究中，作者强调阅读障碍可能是与阅读相关的不同脑区以及视觉注意加工过程所组成的多系统功能失调（如从正字法到语音及语音操作的转换）有关。尤其是，研究还发现了阅读障碍的阅读网络系统和左脑的视觉注意网络激活过低，同时右半球的注意网络系统激活过多。我们的研究发现阅读障碍的额枕下束偏左侧化减少可能反映了 Paulesu 等人发现的阅读网络功能失调，包括通过额枕下束连接的两个重要的皮层区域：左额下皮层和左颞下以及梭状回区域。我们发现阅读障碍上纵束第二段的偏右侧化可能与 Paulesu 等人报告的视觉注意网络失调相似，包括由上纵束第二段连接的两个皮层区域：顶下小叶和中央前回。

那么我们的研究究竟多大程度上重复了前人在阅读障碍的额枕下束与上纵束的研究上的发现呢？一项之前的研究只分析了左额枕下束，并未发现组间差异（与我们的结果一样），然而，它们并未报告右侧额枕下束，也就是没有做偏侧化的比较，所以无法与我们的结果做更多的直接比较（Vandermosten, Boets, Poelmans, et al., 2012）。只有一项研究报告了对阅读障碍上纵束的分析，它以 FA 为指标发现右侧上纵束可以预测阅读障碍儿童未来的阅读成绩（Hoeft et al., 2011）。但是，除了方法学上的差异，该研究并未报告组间差异，因此还是不能与我们的研究结果相比较。

至于弓形束，以前的 DTI 研究表明其连接度（FA 值）要么在阅读障碍中是不完整的，要么与阅读相关测验正相关（Deutsch et al., 2005; Klingberg et al., 2000; Rimrodt et al., 2010; Vandermosten, Boets,

Poelmans, et al., 2012; Yeatman et al., 2011, 2012）。在本研究中我们对弓形束的 FA 值进行分析证实了左弓形束的组间差异（尽管不是出现在偏侧化指数上）。然而，意外的发现是弓形束的 HMOA 分析并未印证该结果。这可能反映了 DTI 模型与 FA 测量的局限，它容易受一些因素影响，特别是交叉纤维（Dubois et al., 2014）。虽然对于左弓形束 FA 值较低的原因，主导性解释是障碍儿童比控制组的连接性更差（要么是纤维较少，要么是髓鞘化更少导致较低的连接度）。另一种可能是阅读障碍者在弓形束、胼胝体和感觉运动纤维之间的左下放射冠有更多的交叉纤维（Wandell & Yeatman, 2013），因此不对称的脑优势可能会导致半球间胼胝体纤维连接性的增加，伪造了在阅读障碍被试左侧弓形束的 FA 降低的现象。最近的一项追踪研究直接比较了 5~6 岁儿童弓形束的 FA 与 HMOA 上的差异，发现弓形束的 FA 值受交叉纤维影响严重（Vanderauwera et al., 2015）。这表明障碍被试与控制组在左弓形束上显著的FA组间差异应该慎重考虑，未来的研究应考虑增加测量阅读障碍者的 HMOA。以后的研究还应该进一步研究胼胝体上的哪些差异可能与阅读障碍的偏侧化有关，以解释在左弓形束上 FA 出现差异的原因。

此外，其他因素也降低了将本研究与前人弓形束研究直接比较的可能。过去的诸多研究都基于 DTI 模型与确定性跟踪算法，未能将上纵束与弓形束明确地区分开来（Saygin et al., 2013; Yeatman et al., 2011;Yeatman et al., 2012）。一些研究尽管解剖了弓形束和 / 或上纵束，却没有正常地将其区分成三部分（只有 Vandermosten, Boets, Poelmans, et al., 2012，将弓形束进行了分段研究）。虽然一些研究测量的是整个纤维的 FA，但是有些研究测量的只是这条纤维特定的簇或部分。此外，也有些研究考察的是正常发育的孩子（Yeatman et al., 2011, 2012）；另一些则探究的是成人阅读障碍群体及其对照样本（Vandermosten, Boets, Poelmans, et al., 2012）；还有的既考察了儿童又兼顾了青少年阅读障碍者（Rimrodt et al.,

2010）；也有将阅读训练之前有障碍风险的儿童与没有风险的儿童进行对照研究（Saygin et al., 2013; Vanderauwera et al., 2015）。结果，用标准DTI模型测量的纤维束在一部分样本中无法重构出弓形束的完整组成部分，这是个明确的隐忧，因此也就无法与我们用球形卷积技术追踪获得的结果直接比较。所以，很难将本研究的结果与前期所做的一些研究直接比较，但这并不意味着结果就是冲突的。为了获得对阅读障碍者白质连接度更全面的理解，将弥散张量成像的一系列研究集中到统一的方法学标准显得尤为重要。我们认为高弥散加权（b值）和球形卷积追踪就可能提供了一个良好的方法规避传统DTI研究的局限。

总之，本研究表明童年期阅读障碍的严重程度与额枕下束和上纵束第二段的偏侧化有关。这两条纤维可能分别参与了字形—语义/语音和视觉空间通路的加工。被试的年龄范围的跨度较大（9~14岁）可能是本研究的一个局限，障碍儿童与控制组儿童的白质连接完整度是否存在与年龄相关的组间差异是之后研究的重点。本研究的另一个局限是，一个相关研究无法解释因果关系。白质纤维束偏侧化的组间差异既可能是导致阅读障碍的原因，也可能是白质通路成熟过程中分化的结果。另一种可能是，发展性阅读障碍白质连接紊乱也可能是一种补偿机制，因为近期研究发现阅读会造成白质微结构明显的变化（Thiebaut de Schotten et al., 2014）。未来对阅读障碍与年龄更小但阅读能力相同的控制组进行深入的比较研究（如Altarelli et al., 2013; Hoeft et al., 2007; Krafnick, Flowers, Luetje, Napoliello, & Eden, 2014），或者在阅读能力获得以前开展纵向追踪研究（Clark et al., 2014）都有望解开这些不同原因的机制。

参考文献

Altarelli I, Leroy F, Monzalvo K, Fluss J, Billard C, Dehaene-Lambertz G,

Galaburda, AM, Ramus F. 2014. Planum temporale asymmetry in developmental dyslexia: revisiting an old question. *Human Brain Mapping*. 35:5717–5735.

Altarelli I, Monzalvo K, Iannuzzi S, Fluss J, Billard C, Ramus F, Dehaene-Lambertz G. 2013. A functionally guided approach to the morphometry of occipitotemporal regions in developmental dyslexia: Evidence for differential effects in boys and girls. *The Journal of Neuroscience*. 33:11296–11301.

Avants BB, Epstein CL, Grossman M, Gee JC. 2008. Symmetric diffeomorphic image registration with cross-correlation: Evaluating automated labeling of elderly and neurodegenerative brain. *Medical Image Analysis*. 12:26–41.

Benjamini Y, Hochberg Y. 1995. Controlling the False Discovery Rate: A practical and powerful approach to multiple testing. *Journal of Royal Statistical Society B*. 57: 289–300.

Boets B, Op de Beeck HP, Vandermosten M, Scott SK, Gillebert CR, Mantini D, Bulthe J, Sunaert S, Wouters J, Ghesquiere P. 2013. Intact but less accessible phonetic representations in adults with dyslexia. *Science*. 342:1251–1254.

Bosse ML, Valdois S. 2009. Influence of the visual attention span on child reading performance: a cross-sectional study. *Journal of Research in Reading*. 32:230–253.

Butterworth B, Kovas Y. 2013. Understanding neurocognitive developmental disorders can improve education for all. *Science*. 340:300–305.

Catani M, Allin MP, Husain M, Pugliese L, Mesulam MM, Murray RM, Jones DK. 2007. Symmetries in human brain language pathways correlate with verbal recall. *Proceedings of the National Academy of Sciences of the United States of America*. 104:17163–17168.

Catani M, Jones DK, Ffytche DH. 2005. Perisylvian language networks of the human brain. *Annals of Neurology*. 57:8–16.

Catani M, Thiebaut de Schotten M. 2008. A diffusion tensor imaging tractography atlas for virtual in vivo dissections. *Cortex*. 44:1105–1132.

Chokron S, DeAgostini M. 1995. Reading habits and line bisection: A developmental approach. *Cognitive Brain Research*. 3:51–58.

Chokron S, Imbert M. 1993. Influence of reading habits on line bisection. *Cognitive Brain Research*. 1:219–222.

Clark KA, Helland T, Specht K, Narr KL, Manis FR, Toga AW, Hugdahl K. 2014. Neuroanatomical precursors of dyslexia identified from pre-reading through to age 11. *Brain*. 137（12）:3136–41.

Coltheart M, Rastle K, Perry C, Langdon R, Ziegler J. 2001. DRC: a dual route cascaded model of visual word recognition and reading aloud. *Psychological Review*. 108:204–256.

Darki F, Peyrard-Janvid M, Matsson H, Kere J, Klingberg T. 2012. Three dyslexia susceptibility genes, DYX1C1, DCDC2, and KIAA0319, affect temporo-parietal white matter structure. *Biological Psychiatry*. 72:671–676.

Dell' Acqua F, Scifo P, Rizzo G, Catani M, Simmons A, Scotti G, Fazio F. 2010. A modified damped Richardson-Lucy algorithm to reduce isotropic background effects in spherical deconvolution. *Neuroimage*. 49:1446–1458.

Dell' Acqua F, Scifo P, Rizzo G, Clarke RA, Scotti G, Fazio F. 2006. Convergence maps from Richardson-Lucy spherical deconvolution algorithm for the detection of white matter in HARDI. *NeuroImage*. S953.

Dell' Acqua F, Simmons A, Williams SC, Catani M. 2013. Can spherical deconvolution provide more information than fiber orientations? Hindrance modulated orientational anisotropy, a true-tract specific index to characterize white matter diffusion. *Human Brain Mapping*. 34:2464–2483.

Deutsch GK, Dougherty RF, Bammer R, Siok WT, Gabrieli JD, Wandell B. 2005. Children's reading performance is correlated with white matter structure measured by diffusion tensor imaging. *Cortex*. 41:354–363.

Dubois J, Dehaene-Lambertz G, Kulikova S,Poupon C, Hüppi PS, and Hertz-Pannier L. The early development of brain white matter: A review of imaging studies in fetuses, newborns and infants. *Neuroscience*. 276:48–71.

Dubois J, Poupon C, Lethimonnier F, Le Bihan D. 2006. Optimized diffusion gradient orientation schemes for corrupted clinical DTI data sets. *MAGMA Magnetic Resonance Materials in Physics Biology and Medicine*. 19:134–143.

Duffau H, Gatignol P, Mandonnet E, Peruzzi P, Tzourio-Mazoyer N, Capelle L. 2005. New insights into the anatomo-functional connectivity of the semantic system: a study using cortico-subcortical electrostimulations. *Brain*. 128:797–810.

Gabay Y, Gabay S, Schiff R, Ashkenazi S, Henik A. 2013. Visuospatial Attention Deficits in Developmental dyslexia: Evidence from visual and mental number line bisection tasks. *Archives of Clinical Neuropsychology*. 28:829–836.

Galaburda AM, Sherman GF, Rosen GD, Aboitiz F, Geschwind N. 1985. Developmental dyslexia: four consecutive patients with cortical anomalies. *Annals of Neurology*. 18:222–233.

Giraud AL, Ramus F. 2013. Neurogenetics and auditory processing in developmental dyslexia. *Current Opinion in Neurobiology*. 23:37–42.

Han ZZ, Ma YJ, Gong GL, He Y, Caramazza A, Bi YC. 2013. White matter structural connectivity underlying semantic processing: evidence from brain damaged patients. *Brain*. 136:2952–2965.

Hari R, Renvall H, Tanskanen T. 2001. Left minineglect in dyslexic adults. *Brain*. 124:1373–1380.

Hoeft F, McCandliss BD, Black JM, Gantman A, Zakerani N, Hulme C, Lyytinen H, Whitfield-Gabrieli S, Glover GH, Reiss AL, Gabrieli JD. 2011. Neural systems predicting long-term outcome in dyslexia. *Proceedings of the National Academy of Sciences of the United States of America*. 108:361–366.

Hoeft F, Meyler A, Hernandez A, Juel C, Taylor-Hill H, Martindale JL, McMillon G, Kolchugina G, Black JM, Faizi A, Deutsch GK, Siok WT, Reiss AL, Whitfield-Gabrieli S, Gabrieli JD. 2007. Functional and morphometric brain dissociation between dyslexia and reading ability. *Proceedings of the National Academy of Sciences of the United States of America*. 104:4234–4239.

Horwitz B, Rumsey JM, Donohue BC. 1998. Functional connectivity of the angular gyrus in normal reading and dyslexia. *Proc Natl Acad Sci U S A*. 95:8939–8944.

Jacquier-Roux M, Valdois S, Zorman M. 2005. Odédys: Outil de dépistage des dyslexiques. version 2. Grenoble: *Laboratoire Cognisciences*.

Jednoróg K, Altarelli I, Monzalvo K, Fluss J, Dubois J, Billard C, Dehaene-Lambertz G, Ramus F. 2012. The influence of socioeconomic status on children's brain structure. *Plos One*. 7:e42486.

Jednoróg K, Marchewka A, Altarelli I, Monzalvo K, van Ermingen-Marbach M,

Grande M, Grabowska A, Heim S, Ramus F. 2015. How reliable are grey matter disruptions in specific reading disability across multiple countries and languages? Insights from a large-scale voxel-based morphometry study. *Human Brain Mapping*. 36: 1741–1754.

Klein A, Andersson J, Ardekani BA, Ashburner J, Avants B, Chiang MC, Christensen GE, Collins DL, Gee J, Hellier P, Song JH, Jenkinson M, Lepage C, Rueckert D, Thompson P, Vercauteren T, Woods RP, Mann JJ, Parsey RV. 2009. Evaluation of 14 nonlinear deformation algorithms applied to human brain MRI registration. *Neuroimage*. 46:786–802.

Klingberg T, Hedehus M, Temple E, Salz T, Gabrieli JD, Moseley ME, Poldrack RA. 2000. Microstructure of temporo-parietal white matter as a basis for reading ability: evidence from diffusion tensor magnetic resonance imaging. *Neuron*. 25:493–500.

Koyama MS, Di Martino A, Kelly C, Jutagir DR, Sunshine J, Schwartz SJ, Castellanos FX, Milham MP. 2013. Cortical signatures of dyslexia and remediation: an intrinsic functional connectivity approach. *PLoS One*. 8:e55454.

Krafnick AJ, Flowers DL, Luetje MM, Napoliello EM, Eden GF. 2014. An investigation into the origin of anatomical differences in dyslexia. *The Journal of Neuroscience*. 34:901–908.

Leemans A, Jones DK. 2009. The B–Matrix Must Be Rotated When Correcting for Subject Motion in DTI Data. *Magnetic Resonance in Medicine*. 61:1336–1349.

Lefavrais P. 1967. Test de l' Alouette, 2ème Edition. Paris: Editions du Centre de Psychologie Appliquée.

Lehongre K, Morillon B, Giraud AL, Ramus F. 2013. Impaired auditory sampling in dyslexia: further evidence from combined fMRI and EEG. *Frontiers in Human Neuroscience*. 7:454.

Lehongre K, Ramus F, Villiermet N, Schwartz D, Giraud AL. 2011. Altered Low-Gamma Sampling in Auditory Cortex Accounts for the Three Main Facets of Dyslexia. *Neuron*. 72:1080–1090.

Lindgren SD, Derenzi E, Richman LC. 1985. Cross-national comparisons of developmental dyslexia in Italy and the United-States. *Child Development*.

56:1404–1417.

Lyon GR, Shaywitz SE, Shaywitz BA. 2003. A definition of dyslexia. *Annals of Dyslexia*. 53:1–14.

Martinet C, Valdois S. 1999. Learning to spell words: Difficulties in developmental surface dyslexia. *Annee Psychologique*. 99:577–622.

Orton ST. 1937. Reading, Writing and Speech Problems in Children. In. New York: Norton.

Paulesu E, Danelli L, Berlingeri M. 2014. Reading the dyslexic brain: multiple dysfunctional routes revealed by a new meta-analysis of PET and fMRI activation studies. *Frontiers in Human Neuroscience*. 8:830.

Paulesu E, Frith U, Snowling M, Gallagher A, Morton J, Frackowiak RSJ, Frith CD. 1996. Is developmental dyslexia a disconnection syndrome? Evidence from PET scanning. *Brain*. 119:143–157.

Pernet CR, Wilcox R, Rousselet GA. 2013. Robust correlation analyses: false positive and power validation using a new open source Matlab toolbox. *Frontiers in Psychology*. 3: 606.

Plaza M, Robert-Jahier A-M. 2006. DRA: Test Dénomination Rapide Enfants. *Magny-en-Vexin: Adeprio Diffusion*.

Pollatsek A, Bolozky S, Well AD, Rayner K. 1981. Asymmetries in the perceptual span for israeli readers. *Brain and Language*. 14:174–180.

Pugh KR, Mencl WE, Jenner AR, Katz L, Frost SJ, Lee JR, Shaywitz SE, Shaywitz BA. 2001. Neurobiological studies of reading and reading disability. *Journal of Communication Disorders*. 34:479–492.

Pugh KR, Mencl WE, Shaywitz BA, Shaywitz SE, Fulbright RK, Constable RT, Skudlarski P, Marchione KE, Jenner AR, Fletcher JM, Liberman AM, Shankweiler DP, Katz L, Lacadie C, Gore JC. 2000. The angular gyrus in developmental dyslexia: Task-specific differences in functional connectivity within posterior cortex. *Psychological Science*. 11:51–56.

Rayner K. 1986. Eye-movements and the perceptual span in beginning and skilled Readers. *Journal of Experimental Child Psychology*. 41:211–236.

Rayner K. 2009. Eye movements and attention in reading, scene perception, and visual search. *The Quarterly Journal of Experimental Psychology*. 62:1457–1506.

Richlan F, Kronbichler M, Wimmer H. 2011. Meta-analyzing brain dysfunctions in dyslexic children and adults. *Neuroimage*. 56:1735–1742.

Rimrodt SL, Peterson DJ, Denckla MB, Kaufmann WE, Cutting LE. 2010. White matter microstructural differences linked to left perisylvian language network in children with dyslexia. *Cortex*. 46:739–749.

Saygin ZM, Norton ES, Osher DE, Beach SD, Cyr AB, Ozernov-Palchik O, Yendiki A, Fischl B, Gaab N, Gabrieli JD. 2013. Tracking the roots of reading ability: white matter volume and integrity correlate with phonological awareness in prereading and early-reading kindergarten children. *The Journal of Neuroscience*. 33:13251–13258.

Schlaggar BL, McCandliss BD. 2007. Development of neural systems for reading. *Annual Review of Neuroscience*. 30:475–503.

Schmahmann JD, Pandya DN, Wang R, Dai G, D'Arceuil HE, de Crespigny AJ, Wedeen VJ. 2007. Association fibre pathways of the brain: parallel observations from diffusion spectrum imaging and autoradiography. *Brain*. 130:630–653.

Seidenberg MS, McClelland JL. 1989. A distributed, developmental model of word recognition and naming. *Psychological Review*. 96:523–568.

Sireteanu R, Goertz R, Bachert I, Wandert T. 2005. Children with developmental dyslexia show a left visual "minineglect". *Vision Research*. 45:3075–3082.

Spearman C. 1904. The proof and measurement of association between two things. *American Journal of Psychology*. 15:72–101.

Sprenger-Charolles L, Béchennec D, Colé P, Kipffer-Piquard A. 2005. French normative data on reading and related skills from EVALEC, a new computerized battery of tests. end Grade 1, Grade 2, Grade 3, and Grade 4. *Revue Europeene de Psychologie Appliquee*. 55:157–186.

Thiebaut de Schotten M, Cohen L, Amemiya E, Braga LW, Dehaene S. 2014. Learning to read improves the structure of the arcuate fasciculus. *Cereb Cortex*. 24:989–995.

Thiebaut de Schotten M, Dell'Acqua F, Forkel SJ, Simmons A, Vergani F, Murphy DG, Catani M. 2011. A lateralized brain network for visuospatial attention. *Nature Neuroscience*. 14:1245–1246.

Thiebaut de Schotten M, Dell’Acqua F, Valabregue R, Catani M. 2012. Monkey to human comparative anatomy of the frontal lobe association tracts. *Cortex*. 48:82–96.

Turken AU, Dronkers NF. 2011. The neural architecture of the language comprehension network: converging evidence from lesion and connectivity analyses. *Frontiers in Systems Neuroscience*. 5:1.

Vandermosten M, Boets B, Poelmans H, Sunaert S, Wouters J, Ghesquiere P. 2012a. A tractography study in dyslexia: neuroanatomic correlates of orthographic, phonological and speech processing. *Brain*. 135:935–948.

Vandermosten M, Boets B, Wouters J, Ghesquiere P. 2012b. A qualitative and quantitative review of diffusion tensor imaging studies in reading and dyslexia. *Neuroscience & Biobehavioral Reviews*. 36:1532–1552.

Vandermosten M, Poelmans H, Sunaert S, Ghesquiere P, Wouters J. 2013. White matter lateralization and interhemispheric coherence to auditory modulations in normal reading and dyslexic adults. *Neuropsychologia*. 51: 2087–2099.

Vanderauwera J, Vandermosten M, Dell’Acqua F, Wouters J, Ghesquière P. 2015. Disentangling the relation between left temporoparietal white matter and reading: a spherical deconvolution tractography study: a spherical deconvolution tractography study. *Human Brain Mapping*. 36: 3273–3287.

Wandell BA, Yeatman JD. 2013. Biological development of reading circuits. *Current Opinion in Neurobiology*. 23:261–268.

Wechsler D. 2005. WISC-IV: Echelle d’Intelligence de Wechsler pour Enfants - Quatrième Edition. Paris: Editions du Centre de Psychologie Appliquée.

Wedeen VJ, Wang RP, Schmahmann JD, Benner T, Tseng WYI, Dai G, Pandya DN, Hagmann P, D’Arceuil H, de Crespignya AJ. 2008. Diffusion spectrum magnetic resonance imaging. DSI. tractography of crossing fibers. *Neuroimage*. 41:1267–1277.

Welcome SE, Joanisse MF. 2014. Individual differences in white matter anatomy predict dissociable components of reading skill in adults. *Neuroimage*. 96:261–275.

Witelson SF. 1977. Developmental dyslexia: two right hemispheres and none left. *Science*. 195:309–311.

Yeatman JD, Dougherty RF, Ben-Shachar M, Wandell BA. 2012. Development of white matter and reading skills. *Proceedings of the National Academy of Sciences of the United States of America*. 109:E3045–3053.

Yeatman JD, Dougherty RF, Rykhlevskaia E, Sherbondy AJ, Deutsch GK, Wandell BA, Ben-Shachar M. 2011. Anatomical properties of the arcuate fasciculus predict phonological and reading skills in children. *Journal of Cognitive Neuroscience*. 23:3304–3317.

Zhao, J., Schotten, M. T. D., Altarelli, I., Dubois, J., & Ramus, F. （2016）. Altered hemispheric lateralization of white matter pathways in developmental dyslexia: Evidence from spherical deconvolution tractography. *Cortex*, 76, 51–62.

第六章　阅读障碍的脑白质网络缺陷

我在国外进行博士后研究工作期间，即注意到了脑研究领域开始兴起脑网络的研究，但是一直没有时间和精力涉足。回国后，我马上带领我亲自招收的硕士研究生开展了这项阅读障碍的脑白质网络缺陷的研究。这项研究的突破在于尽管我之前的研究表明发展性阅读障碍在一些重要的脑白质通路存在连接度的异常，但是发展性阅读障碍是否在全脑的脑网络水平上也存在脑白质网络连接异常还不清楚。因此我使用了与之前脑白质纤维缺陷研究中相同的被试样本和数据，重新进行了脑网络分析，构建 26 名阅读障碍儿童与 31 名年龄匹配控制组儿童的全脑白质网络。基于数据驱动的网络分析方法，我们发现阅读障碍儿童在听觉语音区存在局部脑网络连接异常。同时，我们还通过图论的方法探索了阅读障碍儿童的脑白质网络拓扑特性与其阅读能力的相关性。这项研究的主要贡献在于首次报道了发展性阅读障碍在脑白质网络上存在缺陷且发现脑白质网络的缺陷主要集中于听觉语音区，为阅读障碍的语音缺陷理论提供了进一步的神经证据。同时，该研究还揭示了脑白质网络参数是一种能够独立预测阅读障碍儿童读写能力的生理指标。该研究已于 2019 年发表于神经影像领域的权威期刊 *Human Brain Mapping*（40, 505-516）。

第一节　脑网络分析及其在阅读障碍研究中的应用

大量研究证明人的认知加工过程依赖于广泛分布在人脑中的神经细胞的相互作用（Bressler & Menon, 2010; Mcintosh, 1999; Mesulam, 1990）。脑连接组（Human Connectome）能够帮助理解整个大脑网络的结构与功能（Sporns Tononi & Kötter, 2005）。脑连接组使我们能够应用量化理论框架对与人脑结构和功能特定方面相关的网络属性进行问题驱动和数据驱动的分析（Sporns, 2014）。

大脑网络模型源于数学的一个分支——图论（Graph Theory）。该模型将复杂的系统通过连接矩阵的形式表征为分离的成分（点）以及成分间的关系（边），点与边之间的关系决定了网络的拓扑结构特性。网络局部和全局结构可以应用于不同人群甚至不同种群之间脑网络结构差异的比较（Rubinov & Sporns, 2010）。脑网络通常可以分为两种类型：结构连接网络与功能连接网络。其中结构连接网络代表了神经解剖连接模式，而功能网络来自神经元活动时间序列之间相互作用的估算。由于结构网络描述解剖学连接，它们非常适合于捕捉神经元信号或沿结构路径通信方面的测量。相比之下，功能网络代表了相关性的模式，不一定与直接的神经元通信相关。

由于脑区之间的连接与交流对认知和行为存在影响，因此脑网络的结构特性常被作为判断神经发育性障碍或神经退行性障碍的生理指标。脑网络模型目前已经广泛应用于如阿尔茨海默病、精神分裂症、自闭症、抑郁症和早产等群体中。但是，迄今为止，仅有少量的研究检验了阅读障碍群体是否存在脑网络的缺陷。Finn 等人应用基于网络的统计（Network-based statistic, NBS）发现了阅读障碍组在视觉通路上的功能连接缺陷，说明阅读障碍可能是由于枕叶区域的功能激活同步性降低导致的（Finn et al., 2014）。也有研究发现阅读障碍（Qi et al., 2016）和有阅读障碍风险的儿童（Hosseini et al., 2013）在灰质脑网络上的网络特征异常。

然而，目前为止还没有研究报告阅读障碍群体在白质网络上的异常，白质网络的特征与阅读障碍的临床表现关系也没有被研究。白质网络相比于功能网络更可能提供阅读障碍的致病基础；另外，相比于灰质网络通过脑区间的形态学相似度定义脑区连接，白质网络更加直观地反映了脑区和脑区之间的物理连接，对研究网络结构和生理基础更有实际意义。更重要的是，白质网络分析提供了一种有力的工具，借以研究在全脑水平上的白质连接度。因此它将研究连接缺陷的方法从单一、具体的白质通路扩展到了脑连接组分析，通过将大脑描绘成由点和边构成的网络，应用网络分析量化研究全脑白质连接并比较正常与障碍群体在脑网络拓扑特性上的差异（Sporns, 2014）。应用量化的网络拓扑特性分析全脑白质网络的结构也可能会提供关于发展性阅读障碍脑结构异常的新信息。

第二节　阅读障碍的脑白质网络缺陷实证研究

本研究的目的主要包含三个方面：第一，应用基于全脑的网络分析方法研究发展性阅读障碍是否在白质网络中存在连接弱于正常儿童的子网络；第二，应用图论分析，探索发展性阅读障碍儿童白质网络的拓扑特性是否存在异常；第三，检验白质网络的拓扑性质与阅读障碍患者严重程度是否存在联系。

一、被试

本研究共包括 57 名儿童，其中有 26 人患有阅读障碍，其余 31 名儿童为正常个体。被试年龄在 109~169 个月（9~14 岁），均为以法语为母语、视听能力正常的儿童，且非言语智力均高于 80。阅读障碍被试均为临床诊断为阅读和语言障碍、没有脑损伤历史且经儿童行为诊断量表的子量表筛查无多动症症状的儿童。两组被试的年龄、性别、利手、母亲受教育水平和非言语智力匹配。本研究已获得所有儿童和家长的知情同意，并且已被法国 Bicêtre 医院伦理委员会批准。该研究的被试与第五章所描述的研究为同一批被试。

二、行为测量

通过韦氏儿童智力量表中的积木、矩阵、相似性和理解分测验测量被试的智力（Wechsler, 2005）。被试的阅读能力评估通过 Alouette 测验和 Odedys 测验测量。其中 Alouette 测验通过无意义文本评估阅读准确性和阅读速度（Lefavrais,1967），Odedys 测验测量词 / 非词阅读准确性和流畅性（Jacquier-Roux, Valdois & Zorman, 2005）。正字法技能通过一项单词拼写测验评估(Martinet & Valdois, 1999)。音位删除(Sprenger-Charolles, Béchennec, Colé, & Kipffer-Piquard, 2005）和音节置换测验（Bosse & Valdois, 2009）用来评估语音技能。以韦氏儿童智力量表中的数字广度分测验评估语音工作记忆（Wechsler, 2005）。数字和物体的快速命名测验（Plaza & Robert-Jahier, 2006）评估语音提取建议。父母受教育水平基于父母获得的最高学历，从 1 分至 6 分进行评分。

三、脑成像采集

（一）T1 加权成像采集

在熟悉实验环境之后，所有儿童佩戴全身渐变装备（40-200T/M/S）和 32 通道头颅线圈，在 3T-MRI 系统（Tim Trio, Siemens Medical Systems, Erlangen, Germany）中完成磁共振成像实验。全脑解剖图像使用 MPRAGE 序列操作（矩阵：$230 \times 230 \times 224$；重复时间 TR：2300ms；回波时间 TE：3.05ms；翻转角：9 度；视野 FOV：230mm；体素大小：$0.9 \times 0.9 \times 0.9 mm^3$）。

（二）弥散张量成像采集

为了降低几何失真，所有弥散加权成像序列为单次激发平面回波成像，外加并行成像，局部傅里叶采样和双极扩散梯度。全脑成像的空间分辨率是 $1.7\times1.7\times1.7mm^3$（矩阵大小：$128\times128$，视野：218mm）。扩散渐变沿着 60 个不同的方向，均匀分布，弥散加权的 b 值为 $1400s/mm^2$（重复时间：14000ms，回波时间：91ms）。为了使该采集程序适用于儿童，采集通过三个子序列进行，每个子序列分别包含 20，21 和 19 的方向，每个子序列的方向在空间上是尽可能的均匀分布（Dubois, Poupon, Lethimonnier, & Bihan, 2006）。此外每个子序列还采集了一个没有运用渐变梯度的成像（b=0）。每个序列耗时 6 分钟，总共采集耗时 18 分钟。

四、图像分析

57 名被试中每人的三段数据首先被整合为一个单一的四维影像数据。随后在这个四维影像数据上进行共配准与涡流校正以校正头动与几何失真。接着，每名被试的 b0 图像从被试的弥散加权数据中提取出来。为了使配准后得到的影像结果更优化，所有的 b0 图像体素大小从 $1.7\times1.7\times1.7$ mm^3 到 $1\times1\times1$ mm^3 被重新采样，以匹配自动化解剖标签（Automated Anatomical Labeling, AAL）模板的体素大小（Tzourio-Mazoyer et al., 2002）。采用限制性球形卷积算法计算全脑白质通路并进行纤维追踪。在纤维重构的过程中，起始种子点在所有被试中都相同。从种子点开始沿主要的弥散方向追踪直到纤维的转弯角度被认为不可能在结构上存在（角度大于 35°）。从种子点开始追踪的每一步大小为 0.5mm。纤维长度范围在 25mm 到 500mm 之间。以上所有的处理步骤都是使用 Explore DTI 软件进行（Leemans, Jeurissen, Sijbers, & Jones, 2009）。

网络建构包括两类要素——点和边。在白质网络中，点代表大脑灰质，边则代表连接灰质脑区的白质纤维通路。在本研究中点的定义基于 AAL

模板，根据 AAL 模板，每个被试的全脑灰质在排除掉小脑之后被分为 90 个兴趣区。首先，每个被试的 b0 图像被配准到每个被试的 T1 加权图像，获得一个从弥散张量空间到 T1 加权空间的转化矩阵（M1）；随后，T1 图像配准到标准空间内的 MNI152 模板进行非线性配准（M2）；将两个转化矩阵结合获得从本地弥散张量空间到标准空间的矩阵（M3）；随后计算 M3 的逆矩阵，将该逆矩阵应用到标准空间的模板上配准到每个被试单独的本地空间。以上步骤采用 FSL 工具包（FMRIB's Non-linear Image Registration Tool）（Jenkinson, Beckmann, Behrens, Woolrich, & Smith, 2012）。

边由连接每对点的白质纤维定义，代表两个灰质脑区之间的白质通路。本研究采用连接根数和密度两种加权标准建构网络。连接根数加权网络的边值等于连接两个点之间白质纤维的根数；密度加权网络的边值等于连接两个点之间白质纤维根数除以两个点的体积之和。图 6.1 演示了建构白质网络的步骤。

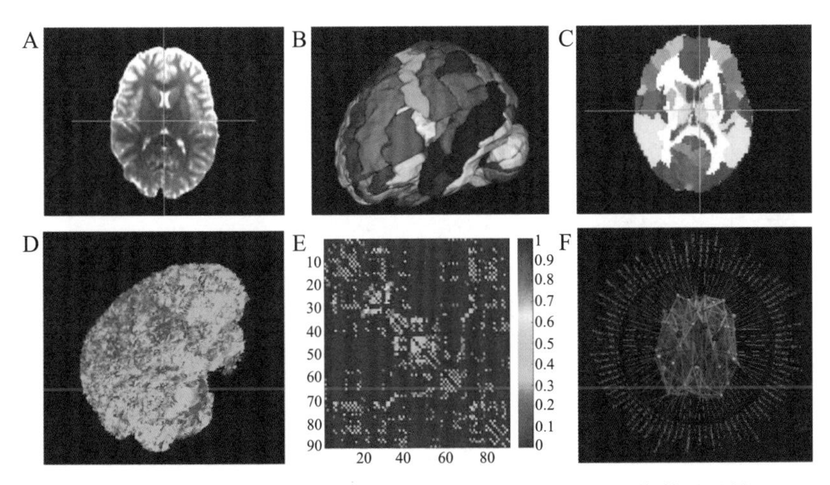

图 6.1 建构白质网络的方法流程：从弥散加权数据中提取 b0 图像并重采样至 1mm x 1mm x 1mm（A）；标准空间下的自动化解剖标签模板（B）；被配准到每个被试的个体空间中（C）；应用限制性球形卷积算法进行全脑白质纤维追踪（D）；并将结果与配准后的模板结合生成 90 个脑区组成的加权连接矩阵（E）来表示全脑白质网络（F）

五、基于网络的统计分析

基于网络的统计分析（Network-based statistic, NBS）是用以检验网络结构组间差异的统计方法（Zalesky, Fornito & Bullmore, 2010）。为了定位点与点之间连接存在的差异，本研究应用基于网络的统计分析检验连接根数和密度两种加权网络的在阅读障碍和控制组儿童之间的差异。首先，每条边连接的组间差异用独立样本 t 检验统计，设定 t 值阈限到 2.5（α 值小于 0.05）作为标准筛选阈限上的连接。子网络的成分和大小应用一种深度优先查找算法（ breadth first search, Ahuja, Magnanti, & Orlin, 1993）从这些阈限上的连接选取。为了控制每个成分 p 值的误差，接着基于每个成分的大小进行重复检验。重复检验的次数设定为 5000 次。将 $t = 2.5$ 的阈限值应用到每个重复检验的网络上后，阈限上成分大小最大的值被记录下来，得到一个最大成分大小的零分布。最后，得到的成分大小 k 的 p 值通过寻找零假设中最大成分大于 k 的 p 值获得。由于这一系列的分析步骤在连接根数和密度加权网络中各应用一次，本研究校正后 p 值设定为 0.025。最后得到的子网络应用 BrainNet Viewer 软件完成可视化（Xia, Wang, & He, 2013）。

六、图论分析

为了研究白质网络的拓扑特性，本研究在白质网络上设定一系列阈限避免假阳性连接，也保证所有被试的边的数量相同，排除边数不同可能造成虚假组间差异的混淆变量（Drakesmith et al., 2015; Meunier, Achard, Morcom & Bullmore, 2009; van Den Heuvel, Stam, Kahn & Hulshoff Pol, 2009）。阈限值的设定从 10% 开始，以 1% 的幅度增长直到 30%。这些阈限值作为比例，保留一个网络内边的加权值最高的一部分连接（Korgaonkar, Fornito, Williams, & Grieve, 2014）。通常同样的阈限范围会被应用到白质网络分析中，以保证所得网络都符合小世界属性（Korgaonkar et al., 2014; Zhang et al., 2011）。本研究用下列方式检验每个阈限值下的网络小世界属性：

$$S=\frac{C/C_{rand}}{L/L_{rand}}$$

其中 C 与 C_{rand} 是目标网络和随机网络的聚集系数（定义在后文），L 和 L_{rand} 是目标网络和随机网络的特征路径长度。

$$L=\frac{1}{n}\sum_{i\in N}\frac{\Sigma_{j\in N,\,j\neq 1}d_{ij}}{n-1}$$

其中 d_{ij} 指代点 i 和点 j 的最短路径长度。当 S 值大于 1 时，这个网络会被认为具有小世界属性。在从 10% 到 30% 的阈限范围中，本研究检验所有阈限下网络的小世界属性。

随后的研究应用于符合小世界属性的网络中。六个网络拓扑特性参数——聚集系数（clustering coefficient）、局部效率（local efficiency）、全局效率（global efficiency）、传递性（transitivity）、集中度（betweenness centrality）和强度（strength）——被选择在两种加权网络中检验组间差异。所有的参数都通过大脑连接组工具箱（Brain Connectome Toolbox, Rubinov & Sporns, 2010）计算。聚集系数测（CC）量每个点周围成簇连接的出现率（M. M. Cohen et al., 2013; Watts & Strogatz, 1998）。全脑网络平均聚集系数越高，说明网络中有更多的簇，簇内的点都紧密的相互连接。

$$CC=\frac{1}{n}\sum_{i\in N}\frac{2t_i}{k_i\left(k_i-1\right)}$$

其中 t_i 是点 i 周围三角形的数量，k_i 是点 i 的度（直接与点 i 连接的点的个数）。

效率是在复杂网络分析中常用的参数，用来评估平行信息加工的水平（Latora & Marchiori, 2001）。具体而言，局部效率（LE）是一个点周围其他点之间构成的子网络的平均效率，表示一个网络在遭到攻击时的容错能力（Latora & Marchiori, 2001）。

$$LE = \frac{1}{n}\sum_{i \in N}\frac{\Sigma_{j,h \in N, j \neq 1} a_{ij} a_{ih}\left[d_{jh}\left(N_i\right)\right]^{-3}}{k_i\left(k_i - 1\right)}$$

其中 a_{ij} 是点 i 和点 j 之间连接的值。

全局效率（GE）测量了在全脑中信息传递的能力。

$$GE = \frac{1}{n}\sum_{i \in N}\frac{\Sigma_{j \in N, j \neq 1} d_{ij}}{n - 1}$$

传递性（T）是聚集系数的一个变种，测量的是全脑水平上的聚集系数。

$$T = \frac{\Sigma_{i \in N} 2t_i}{\Sigma_{i \in N} k_i\left(k_i - 1\right)}$$

集中度（BC）是所有最短路径中包含某一点的路径的比例。

$$BC = \frac{1}{(n-1)(n-2)}\sum_{h, j \in N}\frac{\rho_{hj}(i)}{\rho hj}$$

其中 $\rho_{hj}(i)$ 是点 h 和点 j 之间通过点 i 的最短路径数量。

强度（S）是与点 i 直接相连的边的值的和。

$$Si = \sum_{J \in N} a_{ij}$$

七、统计分析

为了研究白质网络拓扑特性的组间差异，本研究应用多变量方差分析，将组别（控制与障碍）作为组间变量，年龄、性别和父母受教育水平作为协变量。符合小世界属性的网络的聚集系数、局部效率、全局效率、传递性、集中度和强度进入模型作为因变量。本研究应用 FDR 校正方法（Benjamini & Hochberg, 1995）校正多重比较。随后在阅读障碍组中进行白质网络拓扑参数与阅读成绩的相关分析，性别、年龄和父母受教育水平作为协变量。相同的分析步骤在两种加权网络中分别独立进行。

与阅读能力显著相关的网络拓扑参数接下来进入多元回归分析模型，检验其是否能够在先前用相同被试发现的与阅读能力相关的白质纤维完整度的基础上解释更多的行为变异。行为指标作为因变量。性别、年龄和父母受教育水平进入第一层模型；额枕下束和上纵束中段的偏侧化指数在第一层模型之上进入第二层模型；网络参数在第二层模型之上进入第三层模型。各层模型间解释变异的变化量和对应的 p 值将被计算。由于所有网络属性参数之间的高共线性，这些参数将分别单独进入模型。

八、结果

（一）人口学变量与行为指标

表 6.1 中显示了人口学变量和行为测量在阅读障碍组与控制组中的描述性统计。年龄、性别、利手、非言语智力以及母亲受教育程度没有组间差异。阅读障碍儿童的读写能力、语音能力和快速命名得分都显著低于控制组儿童。另外，阅读障碍儿童的言语智力得分低于控制组。

表 6.1　人口学变量与行为得分

	控制组儿童		阅读障碍儿童		统计检验
	N	Mean（SD）	N	Mean（SD）	
个体特征					
性别（男 / 女）	31	18/13	26	13/13	χ^2（1）=0.371，p=0.543
利手（左 / 右）	31	2/29	26	3/23	χ^2（1）=0.457，p=0.499
年龄（年）	31	11.49（1.36）	26	11.61（1.31）	t（55）=−0.320，p=0.751
母亲受教育水平	31	2.65（1.38）	26	3.08（1.80）	t（55）=−1.029，p=0.308
父亲受教育水平	31	2.52（1.61）	26	3.62（1.92）	t（55）=−0.2352，p=0.022

续表

	控制组儿童		阅读障碍儿童		统计检验
	N	Mean（SD）	N	Mean（SD）	
非言语智力	31	110.29（17.09）	26	106.00（5.69）	$t(55)=0.980$, $p=0.332$
言语智力	31	123.84（18.70）	26	107.88（18.22）	$t(55)=3.246$, $p=0.002$
阅读年龄（月）	31	145.94（18.65）	26	87.27（11.43）	$t(55)=13.979$, $p<0.0001$
行为测验					
单词阅读（/20）	31	18.65（1.64）	25	10.52（4.33）	$t(54)=9.650$, $p<0.0001$
拼写（%）	31	82.75（13.77）	26	37.94（20.18）	$t(55)=9.922$, $p<0.0001$
音位删除（/24）	31	22.97（1.38）	26	17.89（4.77）	$t(55)=5.667$, $p<0.0001$
首音置换（/12）	31	7.83（2.56）	24	2.29（2.73）	$t(53)=7.679$, $p<0.0001$
数字广度（WISC）	31	10.87（2.68）	26	6.58（2.18）	$t(55)=6.554$, $p<0.0001$
数字快速命名（秒）	31	21.33（3.19）	26	32.60（7.62）	$t(55)=-7.493$, $p<0.0001$
物体快速命名（秒）	31	35.86（6.92）	26	51.23（9.52）	$t(55)=-7.043$, $p<0.0001$

（二）基于网络的统计

连接根数加权网络分析发现了在左脑枕—颞—顶区的一个子网络，阅读障碍儿童在该子网络中的连接度显著低于正常组儿童（$p=0.023$）。该子网络包含了由 7 条边连接的 8 个点，包括左脑颞中回与左脑枕中回的连接、左脑枕中回与左脑颞极的连接、左脑颞极与左脑赫氏回的连接、左脑赫氏回与左脑岛盖的连接、左脑脑岛与左脑岛盖的连接、左脑颞上回与左脑脑岛的连接以及左脑脑岛与左脑缘上回的连接（见图 6.2、图 6.3）。在密度加权网络上的分析没有发现任何存在组间差异的子网络。

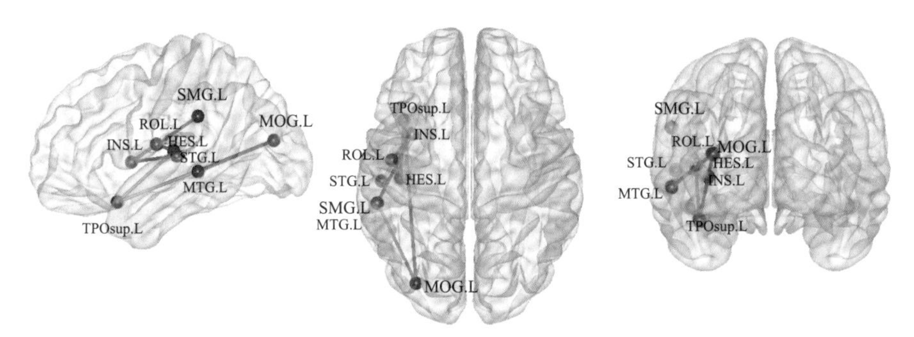

图 6.2　应用基于网络的统计找到的在阅读障碍组中连接异常的子网络。该子网络包含了由 7 条边连接的 8 个点。L 为左；TPOsup 为颞极； MOG 为枕中回；MTG 为颞中回；STG 为颞上回；INS 为脑岛；HES 为赫氏回；ROL 为岛盖；SMG 为缘上回。

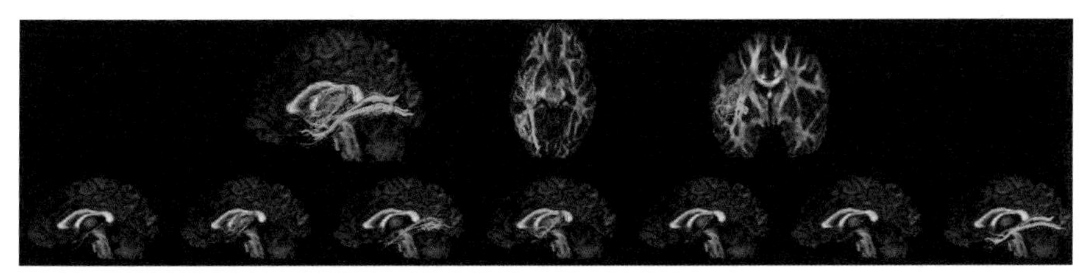

图 6.3　从代表性的一个控制组儿童中提取的子网络可视化结果。图的上方显示整个子网络。子网络中的每一条边都被单独提取出来显示在图的下方（从左到右分别是：左脑颞极与左脑赫氏回的连接、左脑脑岛与左脑岛盖的连接、左脑颞中回与左脑枕中回的连接、左脑颞上回与左脑脑岛的连接、左脑脑岛与左脑缘上回的连接、左脑赫氏回与左脑岛盖的连接、左脑枕中回与左脑颞极的连接）。

（三）图论分析

多变量方差分析结果显示，无论是连接根数加权网络还是密度加权网络，其聚集系数、局部系数、传递性、全局系数、集中度与强度在阅读障碍组与控制组之间均不存在组间差异（$ps > 0.1$）。从 12% 到 26% 的阈限（服从小世界属性的阈限）计算的 6 个网络参数的平均值与 3 组行为测量在阅读障碍儿童中的相关结果见表 6.2。在密度加权网络中，读写能力与聚集系数 [$r(25) = 0.689, p = 0.0005 <$ FDR 校正 $q^* = 0.0028$]、局部效率 [$r(25) = 0.701, p = 0.0004<$ FDR 校正 $q^* = 0.0014$]、传递性 [$r(25) = 0.623, p = 0.0025 <$ FDR 校正 $q^* = 0.0056$] 和全局效率 [$r(25) = 0.687, p = 0.0006<$ FDR 校正 $q^* = 0.0042$] 都呈显著正相关（图 6.4）。在连接根数加权网络中，聚集系数 [$r(26) = -0.502, p = 0.0173$]、局部效率 [$r(26) = -0.538, p = 0.0097$）、传递性 [$r(26) = -0.481, p = 0.0234$] 和全局效率 [$r(26) = -0.532, p = 0.0108$] 与语音能力呈负相关趋势，但没有通过 FDR 校正。

表 6.2 阅读障碍儿童网络参数与阅读指标的皮尔逊偏相关结果（控制性别、年龄、和父母受教育水平）。$^*p < .05$, $^{**}q < .05$（通过 FDR 校正）

[a] 连接根数加权网络参数与阅读能力相关

	N	相关 r（显著性 P）					
		聚焦系数	局部效率	传递性	全局效率	集中度	强度
读写能力	25	−0.158（0.4930）	−0.180（0.4343）	−0.138（0.5502）	−0.189（0.4120）	−0.006（0.9806）	−0.208（0.3664）
语音能力	26	−0.502（0.0173）*	−0.538（0.0097）*	−0.481（0.0234）*	−0.532（0.0108）*	−0.039（0.8637）	−0.155（0.4924）
快速命名	26	0.007（0.9753）	0.044（0.8470）	0.014（0.9510）	0.056（0.8041）	0.102（0.6501）	0.265（0.2333）

b 密度加权网络参数与阅读能力相关

	N	机关 r（显著性 P）					
		聚焦系数	局部效率	传递性	全局效率	集中度	强度
读写能力	25	0.689（0.0005）**	0.701（0.0004）**	0.623（0.0025）**	0.87（0.0006）**	−0.253（0.2694）	0.121（0.6017）

续表

	N	机关 r（显著性 P）					
		聚焦系数	局部效率	传递性	全局效率	集中度	强度
语音能力	26	0.353 (0.1069)	0.332 (0.1420)	0.297 （0.1799）	0.282 （0.2036）*	−0.274 （0.2180）	0.172 （0.4452）
快速命名	26	−0.231 （0.3010）	−0.244 （0.2728）	−0.169 （0.4534）	−0.221 （0.3239）	−0.182 （0.4180）	−0.114 （0.6128）

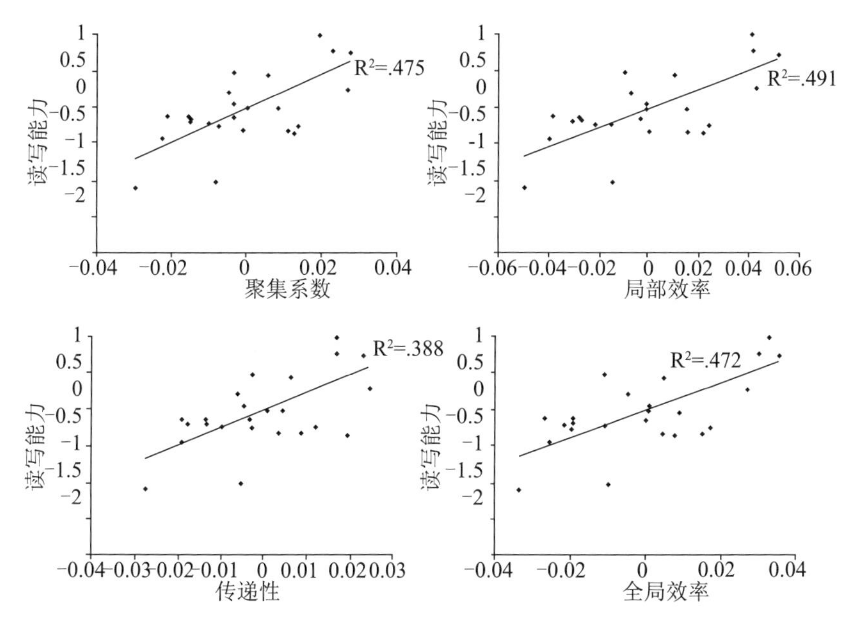

图 6.4　阅读障碍儿童读写能力与四个网络拓扑参数（聚集系数、局部效率、传递性、全局效率）的相关

（四）网络参数与白质通路指标

对读写能力的分层多元回归分析结果见表 6.3。性别、年龄和父母受教育水平能够解释读写能力 43.3% 的变异（M1）；额枕下束与上纵束偏侧化指数能在 M1 的基础之上解释 24.4% 的变异（M2）；聚集系数（$p = 0.010$）、局部效率（$p = 0.010$）、传递性（$p = 0.023$）和全局效率（$p = 0.014$）

在 M2 基础之上还能分别解释 10.2%、10.2%、8.3% 和 9.5% 的变异。

表 6.3 阅读障碍儿童白质通路参数 a 与白质网络参数 b 解释读写能力的变异 ** $p < 0.01$, * $p < 0.05$, # $p < 0.10$

模型	自变量	R^2	ΔR^2	p
读写能力				
1	年龄、性别、父母受教育水平	0.453	0.453	0.013**
2	模型 1+ 额枕下束、上纵束中段	0.708	0.255	0.004**
	偏侧化指数			
3a[c]	模型 2+ 聚焦系数	0.780	0.072	0.031**
3b[c]	模型 2+ 局部效率	0.780	0.072	0.030**
3c[c]	模型 2+ 传递性	0.763	0.055	0.062#
3d[c]	模型 2+ 全局效率	0.773	0.065	0.041*

a. 白质通路参数来源于 Zhao 等人（2016）的研究，放入模型 2。

b. 给出模型解释变异的差异（ΔR^2）以及对应的 p 值。

c. 模型 3 仅包括与读写能力显著相关的网络参数（见表 2）。

第三节 阅读障碍的脑白质网络缺陷

本研究探讨了发展性阅读障碍的脑白质网络缺陷。阅读障碍儿童相比控制组儿童在枕—颞—额的脑区中存在一个纤维连接数更少的子网络。另外，聚集系数、局部效率、全局效率和传递性四个脑网络参数与阅读障碍儿童的读写能力显著相关。这四个白质网络参数可以在传统白质连接度的基础上解释更多的阅读障碍儿童的读写能力的变异。

应用基于网络的分析，本研究首次发现阅读障碍儿童相对于控制组儿童连接数减少的子网络，这个网络中的脑区包括大脑左半球的岛盖、脑岛、缘上回、颞极、颞中回、颞上回、枕中回和颞横回，这与以往对阅读障碍神经基础的研究广泛一致（Jobard, Crivello & Tzourio-Mazoyer, 2003; Sandak et al., 2004; Schlaggar & Mccandliss, 2007）。这个网络包含两个主要的通路。一个是腹侧通路：以语言相关的脑区为中心，包含听觉加工和语音加工的关键区域，包括额下回、赫氏回、颞上回、缘上回（Vandermosten, Boets, Wouters & Ghesquiere, 2012）。这些区域主要由弓形束相连接（Catani & Thiebaut de Schotten, 2008），而弓形束是连接前后语言区的重要神经纤维束。这项发现为阅读障碍的语音缺陷假设提供了重要支持证据。另外一个通路是背侧通路：主要包括左侧枕中回和左侧颞极连接的纤维束。背侧通路与下纵束大致重合（Catani & Thiebaut de Schotten, 2008）。本研究首次报告了阅读障碍患者下纵束的异常，拓展了以往下纵束与阅读发展相关的研究（Yeatman, Dougherty, Ben-Shachar, & Wandell, 2012）。本研究也与前人关于阅读障碍的功能和结构像研究的结果一致，例如阅读障碍被试枕颞区的皮层结构异常（Altarelli et al., 2013; Richardson & Price, 2009）以及在词形辨认时大脑枕颞区活动的异常（Dehaene & Cohen, 2011; Price & Devlin, 2011）。

尽管网络参数没有在阅读障碍儿童与控制组儿童之间表现出组间差异，但是这些参数与词汇阅读的行为测验显著相关。因此，这些网络参数可能是预测阅读困难的重要生理指标。本研究的结果与本人之前使用相同的被试进行的白质纤维束的研究结果一致。Zhao 等人用与本研究相同的被试发现了阅读障碍儿童额枕下束和上纵束中段的偏侧化指数与词汇阅读和拼写准确性得分的相关（Zhao et al., 2016）。同时，本研究也与其他的研究结果相符。例如，在阅读障碍人群中发现左脑颞顶区的白质连接度与单词识别任务（Woodcock, 1987）得分正相关（Klingberg et al., 2000），与单词阅读及拼写得分正相关（Deutsch et al., 2005）。还有其他研究发现了上纵束（Carter et al., 2009）、弓形束（Saygin et al., 2013; Vandermosten et al., 2012）以及胼胝体（Odegard, Farris, Ring, McColl & Black, 2009）与阅读能力的相关。本研究的相关结果说明，白质连接断路与读写能力的关系不仅仅表现在某一具体的脑区或通路上，这种关系更是表现在全脑白质网络结构的水平上。

然而，一种对这种相关关系的解释是：白质网络参数与阅读能力的相关是由于白质通路的断路与阅读能力相关所引起的，因为白质纤维的结构可能决定了白质网络的特性。为了研究白质网络参数的异常是否能在传统白质纤维指标的基础上解释更多阅读能力的变异，本研究应用分层多元回归分析检验了白质网络参数作为阅读障碍生理指标的可能性。结果发现网络参数缺失可以在两条白质通路偏侧化指数的基础上解释更多的阅读障碍儿童读写能力变异，说明了网络参数可能独立于具体白质通路连接度（Zhao et al., 2016）。已有研究发现白质网络参数可以作为传统磁共振生理指标的补充，来解释阿尔茨海默病患者的认知功能缺陷（Reijmer et al., 2013）。本研究说明网络参数提供的信息可以作为传统白质通路参数的补充来解释阅读障碍儿童的阅读能力。基于图论分析的网络参数是一种磁共振生理指标，这种指标独立于白质通路缺陷，为解释阅读障碍儿童的白质连接度缺陷如何损害阅读能力提供了新的观点。

参考文献

Ahuja, R. K, Magnanti, T. L & Orlin, J. B.（1993）. Network flows: theory, algorithms, and applications. *Journal of the Operational Research Society*, 45（11）, 791–796.

Altarelli, I., Monzalvo, K., Iannuzzi, S., Fluss, J., Billard, C., Ramus, F. & Dehaene-Lambertz, G.（2013）. A functionally guided approach to the morphometry of occipitotemporal regions in developmental dyslexia: evidence for differential effects in boys and girls. *Journal of the Society for Neuroscience*, 33（27）, 11296.

Benjamini, Y. & Hochberg, Y.（1995）. Controlling the false discovery rate: A practical and powerful approach to multiple testing. *Journal of Royal Statistical Society B*, 57, 289–300.

Bosse, M. & Valdois, S.（2009）. Influence of the visual attention span on child reading performance: a cross - sectional study. *Journal of Research in Reading*, 32（2）, 230–253.

Bressler, S. L. & Menon, V. （2010）. Large-scale brain networks in cognition: emerging methods and principles. *Trends in cognitive sciences*, 14（6）, 277–290.

Carter, J. C., Lanham, D. C., Cutting, L. E., Clements-Stephens, A. M., Chen, X., Hadzipasic, M., ... Kaufmann, W. E. （2009）. A dual DTI approach to analyzing white matter in children with dyslexia. *Psychiatry Research*, 172（3）, 215–219.

Catani, M. & Thiebaut de Schotten, M. （2008）. A diffusion tensor imaging tractography atlas for virtual in vivo dissections. *Cortex*, 44（8）, 1105–1132.

Cohen, M. M., Jing, D., Yang, R. R., Tottenham, N., Lee, F. S. & Casey, B.J.（2013）. Early-life stress has persistent effects on amygdala function and development in mice and humans. *Proceedings of the National Academy of Sciences*, 110（45）, 18274–18278.

Dehaene, S. & Cohen, L. （2011）. The unique role of the visual word form area in reading. *Trends in Cognitive Sciences*, 15（6）, 254.

Deutsch, G. K., Dougherty, R. F., Bammer, R., Siok, W. T., Gabrieli, J. D. E. & Wandell, B. （2005）. Children's reading performance is correlated with white matter structure measured by diffusion tensor imaging. *Cortex*, 41, 354–363.

Drakesmith, M., Caeyenberghs, K., Dutt, A., Lewis, G., David, A. S. & Jones, D. K. （2015）. Overcoming the effects of false positives and threshold bias in graph theoretical analyses of neuroimaging data. *Neuroimage*, 118, 313–333.

Dubois, J., Poupon, C., Lethimonnier, F. & Bihan, D. L. （2006）. Optimized diffusion gradient orientation schemes for corrupted clinical DTI data sets. *Magnetic Resonance Materials in Physics, Biology and Medicine*, 19, 134–143.

Finn, E. S., Shen, X., Holahan, J. M., Scheinost, D., Lacadie, C., Papademetris, X., Constable, R. T. （2014）. Disruption of functional networks in dyslexia: A whole-brain, data-driven analysis of connectivity. *Biological Psychiatry*, 76（5）, 397–404.

Hosseini, S. M. Hadi, B., Jessica M., Soriano, T., Bugescu, N., Martinez, R., Raman,

M. M., Hoeft, F. （2013）. Topological properties of large-scale structural brain networks in children with familial risk for reading difficulties. *Neuroimage*, 71（7）, 260.

Jacquier-Roux, M., Valdois, S. & Zorman, M. （2005）. Odédys: Outil de dépistage des dyslexiques. Version 2. Grenoble: Laboratoire Cognisciences.

Jenkinson, M., Beckmann, C. F., Behrens, T. E., Woolrich, M. W. & Smith, S. M. （2012）. FSL. *NeuroImage*, 62, 782–790.

Jobard, G, Crivello, F & Tzourio-Mazoyer, N. （2003）. Evaluation of the dual route theory of reading: a metanalysis of 35 neuroimaging studies. *Neuroimage*, 20（2）, 693–712.

Klingberg, T., Hedehus, M., Temple, E., Salz, T., Gabriell, J. D. E., Moseley, M. E. & Poldrack, R. A. （2000）. Microstructure of temporo-parietal white matter as a basis for reading ability: Evidence from diffusion tensor magnetic resonance imaging. *Neuron*, 25, 493–500.

Korgaonkar, M. S., Fornito, A., Williams, L. M. & Grieve, S. M. （2014）. Abnormal structural networks characterize major depressive disorders: A connectome analysis. *Biological Psychiatry*, 76, 567–575.

Lefavrais P,(1967).Test de L' Alouette, zème Edition Paris: Editions du Centre de Psychologie Appliquée.

Latora, V. & Marchiori, M. （2001）. Efficient behavior of small-world networks. *Physical Review Letters*, 87, 1–4.

Leemans, A., Jeurissen, B., Sijbers, J. & Jones, D. K. （2009）. ExploreDTI: A graphical toolbox for processing, analyzing, and visualizing diffusion MR data. *Proceedings of the 17th Scientific Meeting, International Society for Magnetic Resonance in Medicine*, Honolulu, USA, 3537.

Martinet, C. & Valdois, S. （1999）. Learning to spell words: Difficulties in developmental surface dyslexia. *Annee Psychologique*, 99, 577–592.

Mcintosh, A. R. （1999）. Mapping cognition to the brain through neural interactions. *Memory*, 7（5–6）, 523–548.

Mesulam, M. （1990）. Large-scale neurocognitive networks and distributed processing for attention, language, and memory. *Annals of neurology*, 28(5), 597–613.

Meunier, D., Achard, S., Morcom, A. & Bullmore, E.（2009）. Age-related changes in modular organization of human brain functional networks. *Neuroimage*, 44（3）, 715.

Odegard, T. N., Farris, E. A., Ring, J., McColl, R. & Black, J.（2009）. Brain connectivity in non-reading impaired children and children diagnosed with developmental dyslexia. *Neuropsychologia*, 47, 1972–1977.

Plaza, M. & Robert-Jahier, A.-M.（2006）. DRA: Test Dénomination Rapide Enfants. Magny-en-Vexin: Adeprio Diffusion.

Price, C. J. & Devlin, J. T.（2011）. The interactive account of ventral occipitotemporal contributions to reading. *Trends in Cognitive Sciences*, 15（6）, 246.

Qi, T., Gu, B., Ding, G., Gong, G., Lu, C., Peng, D.,... Liu, L.（2016）. More bilateral, more anterior: Alterations of brain organization in the large-scale structural network in Chinese dyslexia. *Neuroimage*, 124（Pt A）, 63–74.

Reijmer, Y. D., Leemans, A., Caeyenberghs, K., Heringa, S. M., Koek, H. L. & Biessels, G. J.（2013）. Disruption of cerebral networks and cognitive impairment in Alzheimer disease. *Neurology*, 80（1–8）.

Richardson, F. M. & Price, C. J.（2009）. Structural MRI studies of language function in the undamaged brain. *Brain Structure & Function*, 213（6）, 511–523.

Rubinov, M. & Sporns, O.（2010）. Complex network measures of brain connectivity: Uses and interpretations. *NeuroImage*, 52, 1059–1159.

Sandak, R., Mencl, W. E., Frost, S. J., Rueckl, J. G., Katz, L., Moore, D. L.,... Pugh, K. R.（2004）. The neurobiology of adaptive learning in reading: A contrast of different training conditions. *Cognitive, Affective, & Behavioral Neuroscience*, 4（1）, 67–88. doi: 10.3758/cabn.4.1.67

Saygin, Z. M., Norton, E. S., Osher, D. E., Beach, S. D., Cyr, A. B., Ozernov-Palchik, O.,... Gabrieli, J. D. E.（2013）. Tracking the roots of reading ability: White matter volume and intergrity correlate with phonological awareness in prereading and early-reading kindergarten children. *The Journal of Neuroscience*, 33, 13251–13258.

Schlaggar, B. L. & McCandliss, B. D.（2007）. Development of neural systems for reading. *Annual Review of Neuroscience*, 30（1）, 475.

Sporns, O. （2014）. Contributions and challenges for network models in cognitive neuroscience. *Nature Neuroscience*, 17（5）, 652.

Sporns, O., Tononi, G. & Kötter, R. （2005）. The human connectome: a structural description of the human brain. *PLoS computational biology*, 1（4）, e42.

Sprenger-Charolles, L., Béchennec, D., Colé, P. & Kipffer-Piquard, A. （2005）. French normative data on reading and related skills from EVALEC, a new computerized battery of tests. end Grade 1, Grade 2, Grade 3, and Grade 4. *Revue Europeene de Psychologie Appliquee*, 55, 157–186.

Tzourio-Mazoyer, N., Landeau, B., Papathanassiou, D., Etard, F. Crivello; O., Delcroix, N., Mazoyer, B. & Joliot, M. （2002）. Antomated anatomical labeling of activations in SPM using a macroscopic anatomical parcellation of the MNI MRI single-subject brain. *NeuroImage*, 15, 273–289.

van Den Heuvel, M., Stam, C. J., Kahn, R. S. & Hulshoff Pol, H. E. （2009）. Efficiency of functional brain networks and intellectual performance. *Journal of the Society for Neuroscience*, 29（23）, 7619–7624.

Vandermosten, M., Boets, B., Poelmans, H., Sunaert, S., Wouters, J. & Ghesquière, P. （2012）. A tractography study in dyslexia: Neuroanatomic correlates of orthographic, phonological and speech processing. *Brain*, 135, 935–948.

Watts, D. J. & Strogatz, S. H. （1998）. Collective dynamics of ‘small-world’ networks. *Nature*, 393, 440–442.

Wechsler, D. （2005）. WISC-IV: Echelle d’Intelligence de Wechsler pour Enfants Quatrième Edition.

Woodcock, R. W. （1987）. The Woodcock Reading Mastery Test—Revised（Circle Pines, MN: American Guidance Service）.

Xia, M., Wang, J. & He, Y. （2013）. BrainNet Viewer: A network visualization tool for human brain connectomics. *Plos One*, 8（7）:e68910.

Yeatman, J. D., Dougherty, R. F., Ben-Shachar, M. & Wandell, B. A. （2012）. Development of white matter and reading skills. *Proceedings of the National Academy of Sciences of the United States of America*, 109, 3045–3053.

Zalesky, A., Fornito, A. & Bullmore, E. T. （2010）. Network-based statistic: Identifying differences in brain networks. *NeuroImage*, 53, 1197–1207.

Zhang, J., Wang, J., Wu, Q., Kuang, W., Huang, X., He, Y. & Gong, Q. （2011）.

Disrupted brain connectivity networks in drug-naive, first-episode major depressive disorder. *Biological Psychiatry*, 70（4）, 334–342.

Zhao, J., Thiebaut de Schotten, M., Altarelli, I., Dubois, J. & Ramus, F.（2016）. Altered hemisphperic lateralization of white matter pathways in developmental dyslexia: Evidence from spherical deconvolution tractography. *Cortex*, 76, 51–62.

Lou, C., Duan, X., Altarelli, I., Sweeney, J. A., Ramus, F. & Zhao, J.（2019）. White matter network connectivity deficits in developmental dyslexia. *Human Brain Mapping*, 40, 505–516.

结　语

本书综述了我过去十几年在汉语语言加工和阅读障碍研究领域的一些重要的研究成果，虽然三部分内容之间的外在关联不大，但其实质都围绕语言加工的本质展开，且都与我目前开展的阅读障碍的研究工作有关联。纵观我所开展的三部分六项研究，神经科学的研究占五项，认知心理学的研究占一项，因此过去的十几年我对自己的定位是一个认知神经科学家。这六项研究也为我回国后开展汉语发展性阅读障碍研究积累了理论知识和实践方法。

我的科研生涯从心理学最热门的认知神经科学开始，但是我并不希望自己的研究局限在认知神经科学的框架里。回国工作后，我试图将不同的研究方法和研究手段结合起来从行为、认知、神经和遗传等多个层面研究阅读障碍儿童。我在陕西师范大学创建了儿童心理与遗传实验室，随后在中西部的几个不同省份采集了一批儿童的阅读行为指标、认知能力指标和他们的遗传信息（如 DNA），实验室还购买了便携式的脑电和眼动设备，准备进一步采集这些儿童的脑电和眼动数据。目前，我们已经完成了第一批儿童的行为、认知和遗传数据的分析，取得一些有意义的发现。期待未来十年，我会在汉语发展性阅读障碍领域完成系统性的实验研究，构建汉语发展性阅读障碍儿童行为、认知、神经和遗传缺陷的完整模型。

致 谢

人生若白驹过隙，转眼已走过三十四载。我自二十一岁接触科学研究，二十三岁发表第一篇英文研究论文，二十四岁去海外求学，三十一岁回国开始建立自己的实验室，至今已在科研道路上坚持了十余载。海外八年，多少个“独上高楼，望断天涯路”的日日夜夜，多少次“衣带渐宽终不悔，为伊消得人憔悴”的执着。如今已过而立数年，所幸蓦然回首，所求之物依然在灯火阑珊处。回首来路，第一个科研十年，只有数篇还算可以经得起时间考验的研究成果，每一篇都付出了心血，都有值得纪念的故事。故著此书，一为总结自己的科研思想，二为纪念自己的过往岁月。从十七岁少小离家，独自赴北京求学，我过去人生一半的时间都在异乡漂泊，感谢自己的坚持，感谢一直在背后理解和支持我的家人。能取得些微研究成果，还要感谢培养过我的老师，帮助过我的前辈、同门和合作过的朋友。回国后选择在十三朝古都西安工作生活，一圆自己喜爱文学历史的少时梦想，二冀工作事业生活有所进益，不忘初心。盼此书可为往圣继绝学，为后世育英才。

感谢我的研究生刘天强、娄成麟、段浠婷、孙欢、韦文君和黎佳媚等人在本书撰写和校对过程中提供的帮助，特别是刘天强同学参与了整本书的校对和最后的修订工作。能成此书，还要特别感谢我的几位恩师：我的硕士导师北京师范大学的舒华教授、我的博士导师康涅狄格大学的 Jay

Rueckl 教授和我的博士后导师法国巴黎高师的 Franck Ramus 教授。感谢带我走上科研道路的舒华教授，她让我的科研生涯有了一个好的起点。感谢 Jay Rueckl 教授对我科研基本功的系统训练，在美国与他共事的五年使我的科研思维有了极大的提高。感谢我的博士后导师 Franck Ramus 教授邀请我去巴黎和他一起开展儿童发展性阅读障碍的研究，感谢他严谨的科研训练，他的科学素养和科研思想深刻影响了我的研究能力和归国后的研究规划，在巴黎的一年半为我在西安独立创建实验室开展儿童阅读障碍研究积累了宝贵的经验。

最后，感谢我的父母，他们的培养和教育成就了今天的我，他们无私的付出和陪伴让我能一直心无旁骛地学习、研究和工作。感谢我可爱的女儿，她的出现，让我的生命更加完整。谨以此书献给最最亲爱的他们！

赵晶晶

于陕西师范大学

雁塔校区